Une Suisse au-dessus de tout soupçon

Du même auteur

La Contre-Révolution en Afrique
Payot, 1963, épuisé

Sociologie de la nouvelle Afrique
Gallimard, coll. « Idées », 1964, épuisé

Sociologie et Contestation
essai sur la société mythique
Gallimard, coll. « Idées », 1969

Les Vivants et la Mort
essai de sociologie
Seuil, coll. « Esprit », 1975 ; coll. « Points », 1980

Une Suisse au-dessus de tout soupçon
(en collaboration avec Délia Castelnuovo-Frigessi,
Heinz Hollenstein, Rudolph H. Strahm)
Seuil, coll. « Combats », 1976

Main basse sur l'Afrique
Seuil, coll. « Combats », 1978 ;
coll. « Points Actuels », nouv. éd. revue et augmentée, 1980

Le Pouvoir africain
Seuil, coll. « Esprit », 1973 ; coll. « Points », 1979

Retournez les fusils !
Manuel de sociologie d'opposition
Seuil, coll. « L'histoire immédiate », 1980
coll. « Points Politique », 1981

Contre l'ordre du monde — les Rebelles
(Mouvements armés de libération nationale du tiers monde)
Seuil, coll. « L'histoire immédiate », 1983 ;
coll. « Points Politique », 1985

Vive le pouvoir !
ou les délices de la raison d'État
Seuil, 1985

COLLABORATION
A DES OUVRAGES COLLECTIFS

La Société émergente
in Vocabulaire de la sociologie contemporaine
Gonthier, 1971

Antholgie des sociologues de langue française
PUF, 1972

La Mort dans la littérature sociologique
française contemporaine
in La Sociologie française contemporaine
PUF, 1976

Le Nomadisme de l'au-delà :
les morts-revenants d'Itaparica
in Nomades et Vagabonds
UGE, coll. « 10/18 », 1975

Jean Ziegler

Une Suisse au-dessus de tout soupçon

en collaboration avec
Délia Castelnuovo-Frigessi
Heinz Hollenstein
Rudolph H. Strahm

*nouvelle édition revue en 1979
et augmentée d'une nouvelle postface en 1986*

Éditions du Seuil

Ce livre est dédié à la mémoire de

SALVADOR ALLENDE
ROGER GENOUD
KHARITON CHAVICHVILY

EN COUVERTURE
dessin Martial Leiter

ISBN 2-02-004683-0
(ISBN 2-02-004388-2, 1re publication)

© ÉDITIONS DU SEUIL, *1976*

La pyramide des martyrs obsède la terre.

RENÉ CHAR

Perfides, vous criez qu'il faut éviter la guerre civile, qu'il ne faut point jeter parmi le peuple de brandons de discorde. Et quelle guerre civile est plus révoltante que celle qui fait voir tous les assassins d'une part et toutes les victimes sans défense d'une autre!

Que le combat s'engage sur le fameux chapitre de l'égalité et de la propriété!

Que le peuple renverse toutes les anciennes institutions barbares. Que la guerre du riche contre le pauvre cesse d'avoir ce caractère de toute audace d'un côté et de toute lâcheté de l'autre. Oui, je le répète, tous les maux sont à leur comble, ils ne peuvent plus empirer. Ils ne peuvent se réparer que par un bouleversement total.

Voyons le but de la société, voyons le bonheur commun, et venons après mille ans changer ces lois grossières.

GRACCHUS BABEUF, Après la fusillade
du Champ-de-Mars, *le 17 juillet 1791.*

D'aucuns ont voulu légitimer la nécessité morale de la révolution. Ils en ont fait un développement de l'essence humaine qui, dans l'oppression et l'exploitation, serait séparée de son être. Ainsi, tels des juges, ils ont inventé une filiation entre le Vrai et le Bien, l'être et l'idéal, l'être et le devoir être : la révolution est l'accomplissement de l'être, elle est donc le mouvement du Vrai.

Mais rien d'humain n'est inhumain et l'être n'est pas privé de ce qu'il n'est pas : s'il ne l'est pas, c'est qu'il n'est pas de son être de l'être, mais seulement de pouvoir l'être.

PIERRE GOLDMAN, *Souvenirs obscurs
d'un Juif polonais né en France.*

La révolution prolétarienne partira de la Suisse.

LÉNINE, in *Lénine à Zürich* (Soljénitsyne A.).

Suisse ou Confédération suisse, République de l'Europe centrale, née du pacte de 1291, conclu entre trois vallées des Alpes, Uri, Schwytz et Unterwald *(Larousse)*.

Sa superficie totale est de 41 295 km², c'est-à-dire 0,15 % des terres habitables de la planète. Elle compte une population de moins de 0,03 % de la population mondiale, soit 6 431 000 personnes. La Confédération helvétique est le premier marché monétaire du monde, le premier marché mondial de l'or et le premier marché de réassurance ; elle est la troisième puissance financière de la planète, la onzième puissance industrielle et le siège de la plus puissante industrie alimentaire. Les Suisses sont le deuxième peuple le plus riche de la terre (*Suisse*, OCDE, Études économiques, Paris, 1975).

Introduction

J'ai appris une chose et je sais en mourant
Qu'elle vaut pour chacun :
Vos bons sentiments, que signifient-ils
Si rien n'en paraît au dehors ? Et votre savoir, qu'en est-il,
S'il reste sans conséquences ? [...]

Je vous le dis :
Souciez-vous, en quittant ce monde,
Non d'avoir été bons, cela ne suffit pas,
Mais de quitter un monde bon !

BERTOLT BRECHT
Sainte Jeanne des abattoirs

L'histoire nous surprend là où nous sommes nés. Je suis venu au monde en Suisse. Dans *les Rendez-vous manqués*, Régis Debray parle de cet « imaginaire de convocation [1] », qui rassemble dans un projet mobilisateur unique toutes les consciences critiques, toutes les volontés révolutionnaires d'un peuple et d'une époque. Je ne crois pas qu'il existe aujourd'hui d' « imaginaire de convocation » en Suisse. Ni qu'il y ait ce qu'on appelle, au sens courant du terme, d'Histoire. Ou, plus précisément, cet imaginaire, cette histoire sont résiduels, balbutiés, pensés et toujours manqués, rêvés à travers les événements d'ailleurs. Tout au long de ce livre, il me faudra les débusquer, les faire surgir de dessous l'opacité aliénante, asphyxiante, productrice de silence et d'uniformité consentante, du discours dominant.

1. R. Debray, *Les Rendez-vous manqués*, Éd. du Seuil, coll. « Combats », 1975, p. 38.

Une oligarchie étroite qui n'a jamais connu son Vichy, qui n'a donc jamais été démasquée, règne depuis plus de cent cinquante ans sur un État et un peuple dont la législation, le système idéologique et les bureaucraties électorales sont étroitement adaptés à ses besoins. Grâce à un système bancaire extraordinairement hypertrophié, grâce aussi à ces institutions admirables que sont le secret bancaire et le compte à numéro, l'oligarchie suisse fonctionne comme le receleur indispensable du système capitaliste mondial. Avec son butin quotidien, elle finance ses propres aventures étrangères : ses sociétés multinationales contrôlent aujourd'hui, de l'Indonésie à l'Afrique du Sud, du Brésil au Guatemala, des régions et des populations entières. Le bilan commercial de la Suisse avec les pays de la misère est — fait unique pour un État industriel d'Europe — constamment excédentaire. Au sein du système impérialiste mondial, les seigneurs de la banque de Genève et de Zürich exercent de nombreuses autres fonctions : ils contribuent à l'étouffement du Chili populaire en réduisant, puis en coupant les lignes de crédit internationales. Ils « stabilisent » puis renforcent les dictatures racistes d'Afrique du Sud, de Rhodésie, les régimes totalitaires de Bolivie et d'Indonésie. Mais leur victoire la plus éclatante, les seigneurs de la banque helvétique la remportent au niveau de la lutte de classe idéologique : par leur appareil de propagande internationale hors pair, par leur corruption de larges secteurs de la classe politique autochtone, les seigneurs de la banque répandent l'idée d'une identité complète entre leur stratégie de pillage et de recel et les intérêts nationaux de l'État et du peuple suisses. Produisant constamment un discours de neutralité et de paix, le visage à demi masqué par le drapeau de la Croix-Rouge, les seigneurs de la banque, ces monstres froids, se font passer, auprès des peuples du dehors comme de leurs sujets autochtones, pour des philanthropes, riches certes, mais pacifiques et pieux.

Pourquoi ce livre? Le système impérialiste mondial est, au sens hégélien du terme, le mal absolu concret. Il domine et ravage aujourd'hui les trois quarts de l'humanité. Je suis né dans le cerveau du monstre, au cœur « privilégié » du système. C'est de là que j'entends mener la lutte.

« Ce qui est, est faux » dit Max Horkheimer. Qu'est-ce qui est faux dans notre monde? Robert S. MacNamara, président de la Banque mondiale et l'un des principaux dirigeants impérialistes, révèle — dans un rare moment d'autocritique — les chiffres suivants : « La moitié des 2 milliards d'êtres humains qui vivent dans les pays sous-développés souffrent de la faim ou de la malnutrition. 20 à 25 % de leurs enfants meurent avant d'avoir atteint l'âge de 5 ans. Parmi ceux qui survivent, des milliers mènent une vie diminuée parce que leur cerveau a été endommagé, leur croissance arrêtée, leur vitalité amoindrie par les insuffisances de leur alimentation. 800 millions d'entre eux sont illettrés; malgré les progrès prévisibles de l'éducation, il faut s'attendre à ce que l'analphabétisme soit plus répandu encore parmi leurs enfants... L'espérance de vie moyenne dans les pays sous-développés est de vingt ans inférieure à celle des pays riches. Un tiers de la population mondiale (les pays industriels) dispose des 7/8 du revenu mondial, les deux autres tiers doivent se contenter du 1/8 restant[1]. » J'ai dit qu'il n'existait en Suisse qu'un « imaginaire de convocation » balbutié. Je ne peux pas être le porte-parole d'un parti, d'un syndicat ni même du mouvement ouvrier suisse; je ne puis parler qu'au nom d'une partie mal connue de ce mouvement, sur la base d'une solidarité, d'une complicité diffuses, au nom de ce que je voudrais que ce mouvement soit, devienne. Il existe en Suisse un mouvement

1. Extraits du discours prononcé à Nairobi, le 24 septembre 1974; aussi P. Drouin, « Les chiffres de la honte », *le Monde*, 5 octobre 1976, analysant les chiffres que donne MacNamara lors de la conférence annuelle de la BM à Manille, 1976.

ouvrier, une gauche. Mais piégés : ils se sont laissé prendre
partiellement dans l'opacité du consensus, de l'uniformité
consentante. Je dis partiellement, parce qu'il leur reste des
convictions, des habitudes, des rites et parfois des sursauts d'opposition. Mais, prisonniers des modèles et des valeurs de la
classe dominante, ils sont contraints au cas par cas, ayant perdu
la connaissance globale de ce à quoi les convoque l'imaginaire
révolutionnaire.

J'ai dit dans un précédent ouvrage, *les Vivants et la Mort* [1],
mon itinéraire personnel. Parlementaire socialiste et théoricien
universitaire, je tente de mener un combat théorique et pratique
indissociable. Ce livre est un produit de — et un moyen pour
— ce combat. Il ne représente en aucun cas une analyse sociologique globale de la Suisse [2]. Il ne contient pas non plus un
programme politique qui serait celui de la gauche. Il fonde
sur mon expérience personnelle, acquise en Suisse et à l'étranger,
une sociographie de la classe capitaliste dominante de Suisse,
telle qu'elle opère actuellement dans ce pays et dans le monde,
en relation avec les autres oligarchies impérialistes.

La planète où nous vivons est un charnier. Ce charnier,
les oligarchies impérialistes s'appliquent à le remplir jour après
jour de victimes nouvelles. Je connais de près l'une de ces oligarchies, celle qui opère à partir de la Suisse. Je veux dire sa
praxis. Et du même coup je veux faire voir la dépendance que
cette oligarchie instaure pour la Suisse en tant que nation, en
tant que peuple, à l'égard de l'impérialisme.

Aucun doute : l'impérialisme, stade suprême du capitalisme,

1. Éd. du Seuil, coll. « Esprit », 1975.
2. J'ajoute — pour prévenir les agressions de mauvaise foi, tout en sachant
cette peine perdue d'avance — qu' *Une Suisse au-dessus de tout soupçon* n'est
pas une attaque dirigée contre le système institutionnel fédéraliste, pluriethnique,
plurilinguistique, pluriculturel que le peuple suisse a créé au cours de six siècles
d'histoire conflictuelle; qu'il renonce à en examiner les avantages, tout comme
il laisse de côté l'examen sociologique des aspects de la Suisse qui ne sont pas
directement en relation avec la problématique impérialiste.

est aujourd'hui en « crise [1] ». Mais cette « crise » est une crise de restructuration, d'adaptation, non une agonie. Je vois à cette « crise » au moins deux raisons :

1. Depuis la décolonisation, la mondialisation rapidement croissante du capital hégémonique du centre (i.e. : des pays industrialisés) a opéré dans le paysage social de notre planète une mutation qualitative. On connaît la classique définition de la genèse du système de domination planétaire et de la pratique de l'impérialisme formulée par Lénine [2]. Depuis l'élaboration de la théorie léninienne, l'agent principal de l'agression impérialiste des peuples de la périphérie (i.e.: des pays du Tiers Monde), la nature des relations de domination qu'il établit dans les trois continents dépendants et sa stratégie d'exploitation ont changé. L'agresseur principal des peuples pauvres n'est plus aujourd'hui l'État capitaliste sous sa forme d'État conquérant, d'État protecteur ou d'État tutélaire tel que le prévoyait Lénine, mais un système capitaliste transétatique qui agit sans utiliser — ou sans utiliser dans la même mesure qu'auparavant — son instrument ancien : l'Etat [3]. La forme de sociabilité concrète

1. J'emprunte ce terme — sans partager tous les raisonnements théoriques qui ont fait naître le diagnostic — à Samir Amin. Cf. S. Amin, *et al.*, *La Crise de l'impérialisme*, Éd. de Minuit, 1975 ; plusieurs auteurs importants parviennent par d'autres analyses à des conclusions semblables. Cf. notamment J. Attali, *La Parole et l'Outil*, PUF, 1975 ; A. Meister, *L'Inflation créatrice*, PUF, 1975 ; C. Julien, *L'Empire américain*, Éd. Grasset. Pour comprendre les sources idéologiques premières et la genèse de la praxis de l'impérialisme premier, cf. H.U. Wehler, *Der Ausftieg des amerikanischen Imperialismus*, Goettingen, 1974. Les études rassemblées par Wehler — qui lui-même est fortement marqué par l'école de Wisconsin — et notamment le livre-pionnier de Taylor (*The Tragedy of American Diplomacy*, 1959) couvrent la période 1865 à 1900.
2. V.I. Lénine, *Impérialisme, stade suprême du capitalisme,* ouvrage élaboré en 1916 ; nous citons ici l'édition publiée en 1973 par les Editions sociales.
3. Parmi les pères-fondateurs de la sociologie de l'impérialisme, seul Boukharine a, à mon avis, entrevu avec clarté le développement auquel nous assistons aujourd'hui, à savoir la mondialisation du capital, la cartellisation hégémonique des banques et la naissance de sociétés transnationales qui supplantent l'Etat et usurpent l'essentiel de ses pouvoirs économiques et politiques ; cf. N. Boukharine, *L'Economie mondiale et l'Impérialisme,* Ed. Anthropos, 1971.

née de cette mutation est la société trans- ou multinationale [1].

La société multinationale a pour élément moteur le profit et pour stratégie sociale l'extension continue de son pouvoir sur les peuples et les choses. Dans l'aire tricontinentale comme dans les régions du centre, les sociétés multinationales tendent à une élimination progressive de la concurrence entre elles [2]. Autrement dit : l'impérialisme se donne des règles pour exercer sa domination et ces règles renforcent sa domination. Ce fait capital déterminera la réflexion que nous entreprendrons au chapitre des conclusions sur les rôles respectifs de la lutte de classe et de la lutte anti-impérialiste en Suisse et en Europe.

2. Les oligarchies impérialistes, partiellement mises en échec sur le front de la lutte pour le contrôle des matières premières, battues à Cuba, au Vietnam, au Cambodge, en Chine, harcelées par les forces révolutionnaires encore minoritaires sur leurs propres terres d'origine, redéploient aujourd'hui leurs forces. Une foule de questions se posent dans le désordre : pratiquement, aujourd'hui, quelles sont les positions occupées par le mouvement ouvrier international ? Sur l'échiquier interétatique, quelle est la politique des États socialistes et quelle est leur force ? Au sein des puissances capitalistes du centre, quelles sont les positions conquises par les forces révolutionnaires ? A la périphérie, quels sont les bastions tenus par les forces anti-impérialistes, quels peuples se donnent les moyens objectifs de se

1. Nations unies, ouvrage collectif : *les Sociétés multinationales et le Développement mondial,* document ONU, n° ST/ECA/190, New York et Genève, 1973.
2. L'élimination de la concurrence entre les sociétés multinationales est objectivement favorisée par l'élimination progressive de la concurrence entre les appareils d'Etat. La coexistence pacifique entre l'URSS et les USA, ainsi que les multiples accords de sécurité mutuelle conclus entre les deux puissances et leurs satellites, favorisent la mainmise de l'impérialisme sur de nombreuses régions de l'aire tricontinentale.

libérer [1] ? Théoriquement, quelles sont les positions conquises du point de vue de la lutte de classe ? Enfin, quel niveau atteint la conscience anti-impérialiste à la périphérie et au centre [2] ? Il va sans dire que je ne répondrai pas à toutes ces questions. Mais elles sous-tendent ce livre et je contribuerai aux réponses par l'analyse du cas de la Suisse.

Je n'ai ni la prétention ni les moyens de formuler, à moi seul et à partir d'un cas, une théorie scientifique cohérente et définitive de l'impérialisme secondaire. Pour deux autres raisons au moins, il ne peut s'agir ici que d'une contribution : l'impérialisme secondaire participe de la crise actuelle de l'impérialisme premier et se trouve par conséquent en pleine mutation ; ni sa nouvelle stratégie, ni les moyens mis en œuvre ne peuvent encore être cernés aujourd'hui avec précision. D'autre part, une extraordinaire intransparence masque les activités de l'oligarchie secondaire. A cause de l'absence de statistiques touchant les investissements et les bénéfices détaillés, de rapports aux actionnaires volontairement imprécis ou truqués, du refus de la plupart des cadres supérieurs de ces sociétés de répondre aux questions d'enquêteurs, je ne dispose, pour formuler mes hypothèses, que d'un matériel nécessairement incomplet.

Des spécialistes m'ont cependant fourni une assistance indispensable. Avec leur accord, j'ai puisé dans leurs travaux récents

---

1. Pour connaître les combats qui se déroulent actuellement à la périphérie, les œuvres de deux auteurs me paraissent indispensables : celles de Roger Genoud et de Régis Debray, cf. en particulier : R. Genoud, « Sur les révolutions partielles du Tiers Monde », *Temps modernes*, n° 328, 1973, p. 884 *sq.*; — G. Delaprez, « Pour lire Roger Genoud », *ibid.*, p. 876 *sq.* — M. Rodinson, « Révolution et révolutions, postface à Roger Genoud », *ibid.*, p. 911 *sq.* — R. Debray, *La Critique des armes*, vol. I et II, Éd. du Seuil, 1974; *la Guérilla du Che*, Éd. du Seuil, 1974.
2. Jean Daniel énonce la formulation antithétique de cette même interrogation : « Le monde changeant plus vite que notre désir de le changer, où se situe le point de convergence? », cf. J. Daniel, *Le temps qui reste*, Stock, 1973.

les statistiques, dates d'enquêtes, etc., capables de chiffrer, d'étayer mes propres raisonnements théoriques [1]. Écrites en langue allemande ou italienne, leurs analyses sectorielles ont été traduites par Mme Michèle Moroz. Je l'en remercie. J'ai bénéficié de l'assistance du service de documentation de l'assemblée fédérale à Berne, de celle des collaborateurs de la bibliothèque des Nations unies et de l'Institut d'études du développement à Genève. Mon propre texte a été mis au net et revu par Mme Micheline Bonnet. Je lui dois une gratitude profonde.

J.Z.

1. Les citations des travaux de D. Castelnuovo-Frigessi sont extraites de « Colonialismo a domicilio : i lavoratori stranieri in Svizzera », *Il ponte*, 1974, 1447-1479.

Les citations des travaux de Heinz Hollenstein, Beat Kappeler et Rudolf H. Strahm figurant dans ce livre sont extraites des ouvrages originaux en langue allemande dont les titres suivent :

Heinz Hollenstein, « Die Entwicklungspolitik des schweizerischen Staates », dans la revue « Civitas », XXIXe année, n° 1/2 oct. 1973, n° 3 nov. 1973 Luzern/Schweiz.

Beat Kappeler, « Schweizerische Finanz und Dritte Welt » ;

Rudolf H. Strahm, « Schweizer Industriekapital und Dritte Welt », les deux in : « Schweizer Kapital und Dritte Welt », édité par « Erklärung von Bern », Gartenhofstrasse 27, Zürich.

Ces citations — notamment celles des travaux de Beat Kappeler qui ont pu se trouver altérées, ou celles des travaux de Heinz Hollenstein dont le choix n'est pas représentatif — ont pris par endroits, dans le contexte que je leur donne, une signification à laquelle les auteurs mentionnés peuvent ne pas adhérer pleinement. Elles visent essentiellement à illustrer mon propos et ne prétendent nullement associer leurs auteurs à mes conclusions.

1

L'empire suisse

1. La querelle des seigneurs

> Des grands de la terre il est dit
> Dans les chants épiques qu'ils montent
> Ainsi que les astres et puis
> Ainsi que les astres qu'ils tombent.
> C'est consolant, il faut le retenir ;
> Nous cependant, qui devons les nourrir,
> Avons toujours pensé : c'est du pareil au même.
> Chute ou montée, qui fait les frais de ce problème ?
>
> BERTOLT BRECHT, *La Ballade de la roue et de l'eau.*

Qu'est-ce que l'impérialisme ? Assis sous les voûtes sombres
de la « Predigerkirche » (Église des prédicateurs), transformée
en bibliothèque municipale, à Zürich en 1916, Lénine a tenté
de répondre à cette question : le système capitaliste se nourrit
de l'accumulation ininterrompue de capitaux, de l'accélération
et de l'intensification de la production, du pillage des ressources
disponibles de la nature, du savoir rapidement cumulatif en
matière de gestion, de technologie et de science. Un jour, ce
système entre dans ce que Lénine appelle le stade « hégémonique ». Ce jour est arrivé en Suisse, en France comme dans d'autres pays de l'Europe industrialisée, aux États-Unis, au Japon.
L'accumulation capitaliste concentre entre les mains de quelques-uns des richesses colossales. La concurrence entre groupes
capitalistes rivaux tend à disparaître. Les monopoles naissent.
Ce sont des groupes de capitalistes qui dominent un ou plusieurs
secteurs économiques précis et qui y dictent leur loi. Or, les
monopoles ont une tendance naturelle à l'expansion. La maxi-

mation du profit, la croissance continue sont leur règle. Les
monopoles conquièrent le monde. Partout ils font reculer les
modes de production pré-capitalistes. Ils raflent des marchés
sur les cinq continents, occupent les régions productrices de
matières premières et détruisent — avec les modes de production
non capitalistes — des univers entiers de civilisation. Bref : ils
font un monde à leur image.

Max Horkheimer dit : « Désormais, toute histoire est histoire
de marchandise. » Quelle marchandise devient sujet de l'histoire ?
Le capital financier. Il est composé par le capital industriel et le
capital bancaire. Entre les mains de ceux qui le possèdent, il
devient une arme d'une terrifiante efficacité. Le petit groupe
d'hommes qui, dans chaque pays capitaliste-hégémonique du
centre, possède, utilise, met en œuvre la stratégie du capital
financier s'appelle l'oligarchie.

Deux questions préalables se posent. La première: existe-t-il
une spécificité de l'impérialisme secondaire par rapport à l'impérialisme premier ? Ou l'impérialisme secondaire n'est-il qu'un
impérialisme sous tutelle, totalement dépendant, bref, un simple
relais de transmission dans la hiérarchie mondiale du mépris et
du profit ? A cette question les fondateurs de la sociologie de
l'impérialisme ont répondu d'une façon uniforme et claire : Pas
de spécificité qui tienne! L'impérialisme secondaire est un impérialisme tout à fait ordinaire qui ne se distingue en rien d'un hypothétique impérialisme premier. Or, depuis la publication de leurs
analyses [1], le paysage social de la planète a subi nombre de
mutations importantes. La question se pose dans des termes
nouveaux. Elle exige un nouvel examen.

Deuxième question préalable : l'impérialisme est le stade
ultime du développement capitaliste. Il *est* le capitalisme, il en

---

1. Notamment Lénine, *Impérialisme, stade suprême du capitalisme*, écrit au
printemps 1916 à Zürich; R. Luxemburg, *L'Accumulation du capital*, publié
en 1913; N. Boukharine, *L'Économie mondiale et l'Impérialisme*; ce livre est né
d'un article publié par Boukharine dans la revue *The Communist* en 1915.

véhicule la rationalité la plus intime, la visée la plus visible, le projet le plus meurtrier. Il ne disparaîtra qu'avec le système capitaliste lui-même. Or, l'impérialisme, sa politique, ses agressions, sa violence structurelle coexistent sur notre planète avec d'autres stratégies de politique extérieure qui sont le fait d'États socialistes.

Ce livre est consacré à l'analyse de l'impérialisme secondaire helvétique. La Suisse est inscrite dans le système capitaliste mondial. Dans ce sens, le terme d'impérialisme secondaire renvoie à l'impérialisme premier que pratique l'oligarchie nord-américaine[1].

Dans l'introduction, j'ai parlé de crise de l'impérialisme. Crise d'adaptation, de restructuration due au surgissement d'un sujet nouveau de l'agression des peuples pauvres : l'entreprise capitaliste transnationale. Cette entreprise est née de la mondialisation et de la monopolisation progressives du capital financier.

Son irruption dans l'histoire provoque dans le tissu social de la planète, des mutations profondes. Je vais tenter de cerner les plus importantes.

La pénétration croissante des entreprises multinationales aboutit dans l'État de la périphérie à une destruction du système politique et de son expression institutionnelle. Dès les premières années de la conquête coloniale, l'État capitaliste de l'aire tricontinentale avait été conçu et mis en place par l'État hégémonique de la métropole : si les impératifs qui gouvernaient la création de l'État périphérique étaient ceux du grand capital impérialiste, ils étaient médiatisés par une superstructure. Or,

1. Je laisse ici de côté le débat mené sur la nature impérialiste ou non de la puissance soviétique; pour un examen lucide de cette question, cf. « Mao Tsé-Toung et l'Union soviétique », textes et commentaires, dans l'annexe du livre d'Alain Bouc : *Mao Tsé-Toung ou la Révolution approfondie*, Éd. du Seuil, 1975, p. 226 *sq.* Voir aussi J.-F. Revel, *La Tentation totalitaire*, Éd. Laffont, 1976; et E. Morin, *Autocritique*, Éd. du Seuil, 1970.

cet État périphérique subit aujourd'hui une attaque imprévue et, la plupart du temps, y succombe. L'attaque est menée par les entreprises multinationales elles-mêmes, mécontentes des entraves opposées à leur pénétration et à leurs profits par l'État capitaliste périphérique accusé d'inefficacité.

Les exemples du Brésil et du Chili, plusieurs fois évoqués dans ce livre, sont à cet égard *généralisables*. Pour démontrer la destruction progressive de la société politique de la périphérie et son remplacement par la dictature fasciste, formée de mercenaires équipés, financés, endoctrinés par la métropole de l'impérialisme premier et les sociétés multinationales des métropoles secondaires, nous aurions pu prendre indistinctement les cas de la Corée du Sud, de la Bolivie, du Zaïre, du Guatemala ou de l'Indonésie. Partout, dans l'aire tricontinentale, une même mutation s'annonce : le remplacement de l'État capitaliste du centre par les sociétés transnationales comme nouveau sujet de l'agression impérialiste provoque à la périphérie la disparition d'anciennes sociétés politiques hétérogènes. Dans les pays du Golfe persique, d'Arabie centrale, ces systèmes hétérogènes n'ont jamais existé. Mais là où, comme au Chili d'avant 1973, au Brésil d'avant 1964, des systèmes politiques ouverts et complexes ont existé, leur résistance à la pénétration impérialiste a été brisée par les sociétés transnationales elles-mêmes. Un système despotique d'un type entièrement nouveau est instauré : la dictature de militaires autochtones, formés dans les agences de socialisation intellectuelle et instrumentale des centres impérialistes (zone américaine de Panama, écoles américaines de contre-insurrection du Nord de la Thaïlande, etc.). Ce système despotique nouveau assure aux sociétés multinationales tutélaires la surexploitation efficace, rentable, de peuples réprimés par leurs propres soldats[1].

---

1. Pour une théorie cohérente de la mutation de l'État de la périphérie, cf. A. Touraine, *Production de la société*, Éd. du Seuil, 1973.

Le redéploiement de l'impérialisme provoque d'autres conséquences encore : notamment la liquidation de l'appareil de
production et de consommation du capitalisme traditionnel de
la périphérie, tel qu'il était sorti de la période coloniale[1]; la
destructuration de la stratification traditionnelle de la population
dominée et l'établissement de circuits de capitaux nouveaux
entre la classe dominante du capitalisme périphérique et les
empires bancaires de la métropole. Examinons de plus près ce
processus :

Dans l'aire tricontinentale, l'entreprise multinationale oriente
sa praxis en fonction des « besoins » ou, plus précisément, des
modes de consommation des classes dominantes et moyennes-
supérieures des différents pays concernés. Pour des raisons parfaitement compréhensibles, elle ne se préoccupe pas des besoins
réels et urgents des masses populaires sous-alimentées que leurs
misérables revenus situent hors du marché. C'est le pouvoir
d'achat des classes supérieures qui détermine la structure des
prix de vente, la stratégie des investissements et les circuits de
distribution qu'elle met en place. Il suffit pour s'en convaincre
d'examiner la structure des prix à la vente des aliments pour
nourrissons pratiqués par la société Nestlé au Chili, en Colombie,
au Guatemala, pays qui tous connaissent une sous-alimentation [2]

---

1. Pour la connaissance de la destruction progressive des économies périphériques par les sociétés multinationales, je dois de précieux renseignements à Dan
Galin, secrétaire général de l'UITA (Union internationale des travailleurs de
l'alimentation), Charles Levinson, du syndicat international de la chimie, Dan
Benedict, du syndicat international de la métallurgie; les trois organisations
ont leur quartier général à Genève.
2. Cette entreprise multinationale de l'alimentation a pour stratégie de mono-
poliser, dans les pays où elle s'installe, la production laitière et la production
d'agrumes. Elle fabrique alors, dans le pays même, une gamme d'aliments pour
nourrissons (lait, soupes solubles, aliments intégrés) dont le prix de vente est
calqué sur le pouvoir d'achat des classes supérieures et moyennes-supérieures.
Conséquence involontaire : ces classes aisées sont en effet approvisionnées en
aliments nouveaux et de haute qualité tandis que les classes pauvres, du fait de
leur exclusion du marché, voient la sous-alimentation de leurs enfants augmenter;
cf. l'étude « Nestlé », établie par l'UITA (Union internationale des travailleurs
de l'alimentation), Genève, périodiquement mise à jour.

infantile dévastatrice. Or, les classes dominantes et moyennes-supérieures des pays pauvres ne développent nullement des modes de consommation propres. Elles agissent par pure imitation, se contentant de singer les modes de consommation (de marchandises, de symboles, etc) des classes dominantes de leurs centres impérialistes respectifs. Ces modes de consommation imitatifs des classes dominantes de la périphérie ont des conséquences meurtrières, car ils s'imposent comme modes dominants aux classes moyennes et pauvres dont ils détruisent à leur tour les modes de consommation propres, matériels et culturels, entraînant leur appauvrissement, leur déculturation et leur misère[1].

De la même manière, l'entreprise multinationale impose à la périphérie les technologies les plus sophistiquées pour l'industrialisation, l'agriculture et le secteur tertiaire. Car l'augmentation rapide de la production, l'accumulation du capital à court terme qui se fait au moyen d'une rationalisation technologique, s'effectuent aux dépens du secteur de l'emploi. Une société duelle naît. Elle est caractérisée par la coexistence conflictuelle, au sein d'une même nation, de deux sociétés antagonistes : une société minoritaire à consommation intense, dominant une autre société regroupant la majorité du peuple et privée de biens essentiels, d'aliments en suffisance, de soins, d'éducation, d'habitat, de mobilité sociale. La stratégie de l'entreprise multinationale accentue nécessairement cette contradiction.

Nous le verrons grâce aux analyses de Strahm et de Kappeler : l'intensification de la production industrielle et agricole, la technologie avancée, les investissements massifs du capital financier n'entraînent pas, dans ces conditions, le progrès économique et social du pays. Car l'accumulation du capital qui résulte de l'appareil de production potentialisé est accaparée

---

1. Pour une théorie cohérente de la déculturation, cf. G. Balandier, *Sens et Puissance*, PUF, 1971; J. Duvignaud, *Le Langage perdu*, PUF, 1973.

par une infime minorité de la population autochtone et par les entreprises multinationales.

Comme on le montrera plus loin, les capitaux accumulés par les classes dominantes de l'aire tricontinentale fuient de manière ininterrompue vers les circuits de réinvestissements « sûrs » que proposent les monopoles bancaires du centre. La conséquence de la non-constitution d'un capital national investi à domicile est visible autour de tous les grands centres urbains d'Amérique latine, d'Asie et d'Afrique. Une population misérable, une armée d'hommes au chômage, d'enfants et de femmes sous-alimentés, s'agglutinent aux abords des quartiers résidentiels, au pied des gratte-ciel, à la lisière des parcs et des jardins des classes possédantes. Ce sont les *marginaux*. Phénomène historique radicalement nouveau, « ce lumpen-prolétariat », au lieu de décroître progressivement avec le développement du capitalisme de la périphérie, s'agrandit sans cesse. Des couches toujours nouvelles du peuple dominé sont aspirées par le vide social, jetées sur les routes, déportées vers les bidonvilles. Ce peuple de la nuit est la victime directe de l'action combinée des sociétés transnationales et de leurs relais politiques locaux. Un degré nouveau de la déchéance est atteint[1] : ces millions d'êtres, — environ 40 % de la population pour l'Amérique latine — n'ont plus aucune fonction, ni sociale ni économique, ils ne figurent même plus dans les statistiques comme bêtes de somme, puisqu'ils sont, selon la logique même du système impérialiste nouveau, des sans-identité, des sans-logis, des sans-travail, bref, des non-êtres.

J'insiste particulièrement sur l'impérialisme culturel qui sous-tend, pour le justifier, cet impérialisme économique et politique. La mondialisation du capital s'accompagne par nécessité d'une

---

1. Aucune structure familiale ou sociale ne résiste à cette déchéance. A Sri-Lanka (Ceylan) les prolétaires des plantations de thé multinationales sont forcés de vendre leurs enfants pour leur donner une chance physique de rester en vie. Cf. enquête du *Sunday Times*, Londres, 1975, 1er trimestre.

mondialisation des significations décrétées par l'oligarchie
du centre. Cette idéologie dominante à l'échelle planétaire
est destinée à créer les conditions culturelles, mentales, psychologiques, d'une praxis incontestée de l'impérialisme. Dans
une formule saisissante, Piettre l'appelle l' « *impérialisme
du vide* [1] ». En effet, l'impérialisme du capital hégémonique
multinational n'est pas, à l'opposé de l'ancien impérialisme
d'État, porteur d'une civilisation alternative. Il détruit par le
fer et par le feu — ou, plus simplement, par l'occupation militaire des universités, l'endoctrinement techno-gestionnaire des
classes dominantes autochtones, la totale prise en main de la
presse et des autres moyens de communication locaux — la
ou les cultures du peuple conquis, la ou les idéologies de classe
qui régissaient l'ancienne société hétérogène. Pour les remplacer
par quoi? *Par rien.* Ou, plus précisément, par un discours de
la marchandise qui réduit l'homme à sa pure fonctionnalité
marchande privée de sens autonome, de destin personnel et
des moyens culturels élémentaires pour résister aux significations
nouvelles imposées par le capital [2].

C'est donc le monopole du savoir — savoir technologique,

---

1. A. Piettre, « Impérialisme et culture », *Le Monde*, 3 mai 1975, p. 4.
2. Écoutons Anouar Abdel-Malek : « ...Il semble bien que l'enjeu soit (aujour-
d'hui) d'une tout autre importance : à savoir le contrôle des processus d'orien-
tation, de régulation et de décision de l'évolution du monde, à partir du monopole
des secteurs avancés de la connaissance scientifique et de la créativité idéelle. »
Plus loin : L'impérialisme est aujourd'hui en mesure « d'atteindre au plus profond de leur personnalité les peuples, les nations et les cultures, de leur proposer
en particulier le champ problématique de leur réflexion, la tonalité émotive de
leur sensibilité ». Et encore : « La conjonction de l'action du complexe mili-
taire-industriel et de celle des centres culturels hégémoniques occidento-centris-
tes, à partir du degré avancé d'évolution du grand capital monopoliste et
financier et, surtout, des acquis de la révolution industrielle, définit le contenu
actuel de l'impérialisme de notre temps, qui est, authentiquement, un impérialisme hégémonique, *le degré le plus élevé d'exercice de la violence rationnelle, par
le fer et le feu, certes, mais aussi par la tentative de contrôle des cerveaux et des
sensibilités, qu'ait connu l'histoire de l'humanité.* » Cf. A. Abdel-Malek, « Pour
une sociologie de l'impérialisme », in revue *l'Homme et la Société*, n° 6, p. 290-
291.

expérimental, scientifique et par voie de conséquence : le savoir culturel ethnocentrique transsubstantié en savoir universel — appuyé sur l'argent et les armes et produit par les entreprises transnationales du centre qui assure aujourd'hui, d'une façon quasi totale, la dépendance économique, politique, culturelle, existentielle des peuples soumis. Pour Marx, le savoir était une force productrice parmi d'autres. L'évidence me suggère qu'il est devenu, depuis la seconde révolution industrielle, la découverte des matières fissibles et la pénétration de la stratosphère, la première et la plus importante de toutes les forces de production [1].

Or, tout savoir a une histoire. Il existe une genèse de la connaissance. Tout savoir est lié, à ses origines, à la pratique problématique d'une société, d'un groupe humain déterminé. D'ailleurs ce qui me frappe d'abord, au niveau de ce qui est dit par les dirigeants des entreprises transnationales eux-mêmes, c'est l'identification qu'ils proclament — pour eux-mêmes et pour leurs entreprises — avec une subjectivité nationalitaire précise [2]. Les entreprises transnationales se disent elles-mêmes « américaines », « françaises », « japonaises », « suisses », etc. S'agit-il d'une ruse, du souci tactique d'abriter leur propre stratégie mondiale de domination derrière le masque patriotique d'une identité nationale fictive? Ou sommes-nous en présence d'un de ces phénomènes de « retard mental » indiqué par Marx et qui montrent que les structures cognitives de l'homme retardent toujours sur sa situation matérielle vécue? Une autre hypothèse me paraît plus plausible : l'entreprise transnationale, nouveau sujet principal de l'agression impérialiste, procède — comme tout autre segment de la société capitaliste contemporaine —

---

1. J'insiste sur ce fait : non seulement le savoir instrumental, mais aussi le savoir « problématique » — c'est-à-dire les problèmes que se posent les hommes soumis —, leur émotivité, leur sensibilité sont aujourd'hui contrôlés par les entreprises capitalistes transnationales.
2. I. Berlin, « The bent twig, a note on nationalism », revue *Foreign Affairs*, vol. 51, du 1er octobre 1972, p. 11 *sq.*

d'un champ culturel partiellement autonome qui préexiste à
l'apparition du capital hégémonique. Exemples : l'impérialisme américain a été façonné tout autant par le calvinisme
agressif des pères-pèlerins que par la logique inhérente à l'accumulation capitaliste américaine (et de tous ses sous-pro-
duits comme le taylorisme, le behaviorisme, le néopositi-
visme sociologique, etc.). L'humanisme universaliste des
encyclopédistes français du xviiie siècle [1] est indispensable
pour comprendre la naissance de l'impérialisme secondaire
français. Pour chacune des entreprises transnationales, pour
chaque savoir dominateur, le champ culturel d'origine peut
être identifié [2].

Revenons à notre question de départ : spécificité sociale et
symbolique de l'impérialisme secondaire ou identité théorique
et pratique de tous les impérialismes ? J'ai évoqué une évidence
empirique : celle qui montre l'identification subjective qu'opèrent
les dirigeants des entreprises transnationales avec la nation
sur le territoire de laquelle ces entreprises sont nées. Cette perspective est insuffisante. Il nous faut quitter le terrain des subjectivités collectives pour nous attaquer à l'analyse des rapports
de force qui gouvernent objectivement les pratiques réelles
des oligarchies première et secondaire.

Prenons un exemple : si les États-Unis renonçaient brusque-

1. J'indique ici un vaste débat. Je ne peux, faute de place, défendre ma position ici. Ceux qui diront que mon argument est fallacieux et que tant le calvinisme
du xvie siècle européen que l'universalisme des encyclopédistes du xviiie sont
justement des figures idéologiques déterminées, produites par deux étapes suc-
cessives de l'accumulation capitaliste en Europe, je les renvoie à la théorie des
subjectivités collectives autonomes formulée par Roger Bastide et à laquelle, pour
ma part, j'adhère avec conviction.
2. Une remarque : ce qui m'intéresse ici c'est le savoir géré par les entreprises
multinationales et, donc, l'origine sociale de ce savoir. Je ne m'intéresse pas au
processus de socialisation individuel de tel ou tel dirigeant d'un empire transnatio-
nal. Exemples : le PDG actuel de l'empire Nestlé, première entreprise alimentaire
du monde, est français; le PDG d'IBM aussi. Ce qu'il s'agit de comprendre, ce
n'est pas leur scolarisation, leur socialisation passée, c'est l'origine sociale et la
genèse du savoir dominateur détenu par les entreprises qu'ils dirigent. Or, Nestlé
est « suisse », IBM « américaine ».

ment à leur domination sur le Brésil, c'est-à-dire s'ils renonçaient à financer, équiper, endoctriner l'armée, la police et les multiples « appareils » destinés à réprimer les syndicats et les organisations populaires, les entreprises suisses au Brésil continueraient-elles à réaliser les profits fantastiques qui sont les leurs depuis la promulgation de l'Acte institutionnel n° 5 de 1968 [1] ? Evidemment non. La dictature militaire, la terreur ouverte et la torture constituent des conditions indispensables pour la surexploitation du travail humain et des ressources du pays par les sociétés multinationales étrangères. Sans cette terreur, le peuple, spontanément, demanderait un salaire minimum décent, une fiscalité équitable, des investissements d'infrastructure sociale. Inversement, à cause de la terreur, il n'existe aujourd'hui au Brésil ni pouvoir de négociation salariale, ni sécurité de l'emploi. Dans les sept États du Nord-Est, 52 % des enfants meurent de malnutrition avant 5 ans [2]. Des centaines de milliers d'autres perdent la vue par manque de protéines, mais 30 % environ du produit national brésilien est exporté et l'oligarchie multinationale accumule tous les ans des fortunes colossales.

Allons plus loin : Une dictature militaire comme celle que les États-Unis ont instaurée au Brésil ne peut fonctionner isolément. Il faut qu'à ses frontières, soient installés des régimes semblables destinés à éviter l'apparition de tensions et de foyers d'instabilité sur tout le continent. L'Uruguay, la Bolivie, le Chili, un cercle de fer de dictatures satellites enserre aujourd'hui les peuples infortunés du secteur sud du continent latino-américain. Or, il est évident qu'aucun des impérialismes secondaires européens ou japonais agissant aujourd'hui dans cette région ne possède les moyens financiers et militaires suffisants pour mettre en place un tel dispositif. Puisque notre analyse est centrée

---

1. M. Arruda, *et al.*, *Multinationals and Brazil*, préface R. Barnet, éd. Brazilian Studies, Box 673, Toronto 1, 1975.
2. « Mortalidade infantil no Nordeste », *Jornal do Brasil*, 16 août 1974.

sur le cas suisse, disons que l'État helvétique ne dispose ni d'une
armée suffisamment forte, ni de moyens financiers suffisamment
puissants, ni, enfin, d'une position sur l'échiquier international
qui lui permettraient d'établir, en Amérique latine, en Asie, en
Océanie ou en Afrique, des zones autonomes de domination.
La Suisse ne dispose pas même d'une idéologie d'agression.
L'idéologie neutraliste qui la gouverne est non impérialiste,
nationalitaire et, par certains aspects, paradoxalement, cosmopolite. La structure fédéraliste et décentralisée de l'État, liée
à un devenir idéologique où le protestantisme mercantile se
mêle au respect rigoureux de la pluriethnicité des peuples présents dans les frontières confédérales, font que l'oligarchie suisse
n'est pas intellectuellement outillée pour expliquer, légitimer
son agression quotidienne des peuples pauvres.

L'analyse de l'action commune de l'impérialisme premier
nord-américain et de l'impérialisme secondaire suisse au Brésil
suggère donc — à première vue du moins — une totale dépendance du second par rapport au premier. En fait, les choses sont
plus compliquées : il existe, entre la praxis des deux oligarchies,
des contradictions sérieuses. Elles se révèlent au centre — en
Suisse — comme à la périphérie. J'en indiquerai quelques-unes.
Mais il me faut au préalable fixer les traits dominants de l'oligarchie helvétique.

L'oligarchie, qui est la figure sociale dominante du capitalisme hégémonique, naît dans la phase ultime de la suraccumulation, de la maximalisation du profit et de l'exploitation accélérée
de la plus-value. Elle groupe ceux d'entre les capitalistes qui
— grâce à leur propriété d'un nombre élevé de moyens de production décisifs et à leurs richesses personnelles — dominent
sans conteste les choix et les orientations du processus accu-
mulatif. En Suisse, ces oligarques sont — à de rares exceptions
près — issus de clans patriciens dont les colossales fortunes
proviennent de l'accumulation primitive.

Regardons de plus près les deux dimensions constitutives de

cette oligarchie. La première : l'oligarchie possède la majeure partie des moyens de production. Entre les gestionnaires des empires multinationaux suisses et leurs propriétaires, il existe une nette et totale séparation.

Exemple : le plus puissant trust pharmaceutique du monde, Hoffmann-La Roche SA de Bâle, est la propriété de trois familles : Hoffmann, Oeri et Sacher. Ces trois familles encaissent tous les ans, uniquement sous forme de dividendes, une somme supérieure à 16 millions de francs suisses. Le PDG de Hoffmann-La Roche s'appelle Adolf W. Jann. Aucun des fils n'occupe une place directoriale dans l'entreprise. Mais les chefs des trois familles siègent au conseil d'administration. Grâce à ce système, aucun de leurs « managers », aussi ambitieux soit-il, ne mettra en question leur toute-puissance. Même avec un salaire astronomique, le « manager » restera simple employé des familles régnantes.

Une exception qui confirme la règle : *Philippe de Weck*, PDG de l'*Union de banque suisse*, déclare un revenu annuel net de 1,2 million de francs suisses. Il est l'un des plus puissants « managers » du monde. En même temps, il participe à la propriété des moyens de production qu'il gère. Il est en effet un des gros actionnaires de l'Union de banque suisse. Pour deux raisons : il a réussi à vendre sa banque familiale — la *Banque de Weck* à Fribourg — à l'Union de banque suisse, et à se faire payer en actions UBS. De plus, il a eu la bonne idée d'épouser la fille du banquier genevois *de Saussure*, qui, de son côté, lui a amené un appréciable paquet d'actions UBS.

Répétons-le : De Weck est l'exception, Jann la règle. Aucun chemin ne fait communiquer vraiment l'univers clos des très grands commis et celui des membres ultra-méfiants de l'oligarchie.

Cependant, des renversements d'un type différent peuvent avoir lieu. Un puissant clan de l'oligarchie peut, à l'occasion, se faire « doubler » par ses pairs. *Exemple :* la famille Bally de Schoenenwerd possède et dirige un des holdings industriels (souliers, chimie, etc.) les plus puissants d'Europe. Avec d'autres familles zürichoises, elle est à l'origine de la création de l'Union de banque suisse. A la suite d'une expansion trop rapide, c'est aujourd'hui l'Union de banque suisse, c'est-à-dire la coalition des oligarques hostiles à Bally, qui domine le trust de Schoenenwerd.

La deuxième dimension constitutive de l'oligarchie est — très banalement dit — l'écrasante richesse personnelle de ses membres. *Exemple :* la fortune suisse dans les frontières de la Confédération est évaluée à 226 milliards de francs suisses. 3,3 % de la population contrôlent, à eux seuls, plus de la moitié de ces richesses [1].

> *Nos maîtres, qui furent beaucoup,*
> *Furent des tigres ou des hyènes,*
> *Des aigles, des cochons, des loups* [2].

Aujourd'hui, en Suisse le nombre des maîtres est réduit. Ensuite, si ce sont des « aigles » et des « tigres », ils portent le masque inoffensif de bourgeois polis, cultivés, ennuyeux, humanistes, intelligents, rusés, pieux. Les exceptions : Max Schmidheiny, empereur du ciment et de la banque (trust Holderbank, Crédit suisse), Dieter Buehrle (marchand d'armes), Dieter Wolfer (Société multinationale de moteurs Diesel, locomotives Sulzer SA), Hans R. Schwarzenbach et Alfred R. Sulzer, qui règnent sur des empires mondiaux du textile, de l'alimentation et de la machine-outil (Robert Schwarzenbach holding SA, Nestlé, Sulzer SA). Les trois derniers dominent l'Union de

---

1. Chiffre *in* C.M. Holliger, *Die Reichen und die Superreichen in der Schweiz,* éd. Hoffmann/Campe, 1974.
2. B. Brecht, *La Ballade de la roue et de l'eau,* Éd. L'Arche, Paris, 1974.

banque suisse. Un seul parmi les oligarques passés ou présents m'inspire une tendresse amusée, voire même — eh oui! — une vraie sympathie. C'est l'immense Corthésy, empereur déchu de Nestlé-Alimentana. En 1968, j'ai, par pur hasard, participé à une de ses traversées de l'Atlantique sud. Corthésy et sa cour se rendaient dans leurs colonies du Brésil. Le spectacle mêlait l'arrogance impériale à la modestie calviniste. Trônant dans son fauteuil de première classe à l'avant du Boeing, ses pieds immenses calés dans des pantoufles très helvétiques, les manches de chemise retroussées, l'empereur convoquait d'une voix sonore, l'un après l'autre, chacun de ses satrapes sagement assis en classe économique.

Faut-il faire une analyse psychologique des seigneurs du capitalisme hégémonique? Est-elle indispensable à l'intelligence des stratégies, de la tactique de l'impérialisme secondaire helvétique? Non. Cet impérialisme secondaire procède — comme tout impérialisme — d'une violence structurelle. C'est le capital financier qui est le sujet de l'histoire. Tous ses membres — je le répète : tous — sont parfaitement interchangeables. Les hommes qui composent l'oligarchie se réduisent à leur fonctionnalité, ou, plus précisément, à leur conformité au modèle hégémonique marchand. J'insiste sur ce point : ce ne sont pas les variations psychologiques, la plus ou moins grande transparence d'un visage qui m'intéressent ici. Certains travaux anciens sur l'impérialisme secondaire procèdent à l'identification personnelle des acteurs. *Exemple* : Fritz Giovanoli a dressé une liste d'environ 200 personnes qui se retrouvent à la plupart des postes clés de l'économie [1]. Depuis la publication de ce livre, la concentration du capital s'est accentuée. En procédant à une analyse comparative des mandats de conseil d'administration, nous retrouvons une sorte d'élite du pouvoir de *26 personnes* dont l'influence s'étend

1. Cf. F. Giovanoli, *Libre Suisse, voici tes maîtres*, parti socialiste suisse, Zürich, 1939.

à tous les secteurs clés de la domination oligarchique de l'économie [1]. Ces hommes contrôlent des richesses colossales et exercent
un pouvoir aussi secret que violent et efficace.

Exemples [2] : en 1974, le seul bilan des cinq plus grandes
banques d'affaires multinationales qui ont leur quartier général
à Zürich, Bâle ou Berne, dépassait les 125 milliards de francs
suisses. Le produit national brut de la Confédération était,
la même année, d'environ 144 milliards. Il y a plus de 4 000
banques en Suisse : cinq d'entre elles contrôlent ainsi à elles
seules une masse d'argent avoisinant la somme de toutes les
richesses produites en Suisse en une année [3]. Ces empires bancaires contrôlent des sommes qui sont près de 10 fois supérieures
au budget de la Confédération (budget fédéral 1974 : 12 milliards de francs). L'Union de banque suisse réalise en 1974
un bénéfice approximatif de 183 millions, la Société de banque
suisse de 178 millions, et le Crédit suisse de 156 millions de
francs suisses.

Ce n'est pas seulement le volume du butin, mais l'ampleur du réseau d'exploitation mondial établi par les Seigneurs du ciment, de la chimie, de la banque, qui permet de
mesurer la violence nue exercée par l'oligarchie suisse : la
Suisse abrite 447 sociétés multinationales contrôlant 1 456
filiales; 85,7 % de ces filiales se trouvent dans des pays indus-

1. Pour l'analyse détaillée des mandats de conseil d'administration, cf. *Revue
Focus*, Zürich, 1974.
2. L'ensemble des chiffres concernant le PNB provient du service de documentation de l'assemblée fédérale. Pourtant, tous ces chiffres ne sont qu'approxi-
matifs avec des écarts parfois considérables. Pour deux raisons : l'appareil statistique est extrêmement faible en Suisse (à cause de l'intransparence structurelle,
intentionnelle de l'économie); ensuite il sévit en Suisse une épidémie de « faux
bilans », cf. P. Del Boca, *Le Faux Bilan de la société anonyme*, thèse de doctorat,
Lausanne.
3. *Les Banques suisses en* 1974, étude n° 59, Service études et statistiques Banque
nationale suisse, p. 96 *sq*.

triels du centre, 14,3 % dans des pays de l'aire tricontinentale [1].

Le tableau ci-après indique les principales sociétés multinationales « suisses », avec la part en % de leur chiffre d'affaires
se rapportant à leur activité à l'étranger [2] :

Nestlé	98 %	BBC	76 %
Continental Linoleum	91 %	Schindler	67 %
Ciba-Geigy	85 %	Sika Konzern	66 %
Unikeller Holding	85 %	Holzstoff	65 %
Holderbank	84 %	Luwa	61 %
Hoffmann-La Roche	80 %	Georg Fischer	48 %
Sandoz	80 %	Oerlikon-Bührle	43 %
Interfood	80 %	Sulzer	46 %
Alusuisse	80 %		

Cependant, pour revenir à notre première question, si impres-
sionnant que paraisse le pouvoir économique et financier de
l'oligarchie secondaire, si étendu que soit son réseau d'exploitation, sa puissance n'est pas comparable à celle de l'oligarchie
nord-américaine. Celle-ci impose généralement sa loi à l'oligarchie
impérialiste suisse, elle s'implante en Suisse, massivement et
contre la volonté de l'oligarchie locale. Elle sort le plus souvent
victorieuse de sa compétition avec les banques et trusts suisses
pour la domination du marché intérieur comme pour la conquête
de régions périphériques particulièrement fertiles (exemples :
l'Afrique du Sud, le Brésil). Elle a forcé la Suisse, en novembre
1974, à renoncer pratiquement à une politique pétrolière auto-

---

1. Rapport des Nations unies, *op. cit.* Pour le volume, la localisation, la structure de l'investissement privé industriel suisse dans les pays en voie de développement, voir l'appendice au présent chapitre.
2. Tableau reproduit par P. Nobel, « Solidarität oder Rentabilität? », *Schweiz-
Dritte Welt*, Ed. Schulthess, Zürich, ouvrage collectif, 1973, p. 133.

Pays fortement orienté vers le commerce extérieur, la Suisse a des relations commerciales intenses avec les pays en voie de développement : 4,9 milliards de francs suisses pour les exportations et 2,6 milliards seulement de francs suisses pour les importations en 1971 (cf. « Direction fédérale des douanes, statistique suisse du commerce extérieur, rapport annuel », 1971, 1re partie, Berne, 1972). La Suisse se distinguait ainsi, face au Tiers Monde, par un produit excédentaire — structurel — de 2,3 milliards de francs suisses. Les pays en voie de développement proposent à l'industrie d'exportation suisse des débouchés en masse. Pendant cette dernière décennie, plus de 20 % des exportations suisses ont été régulièrement acheminées vers ces pays (cf. « Message du conseil fédéral à l'assemblée fédérale sur la politique du marché de la Suisse face aux pays en voie de développement, en particulier sur la participation en faveur de ces pays », 24 mars 1971, p. 10). La contribution du Tiers Monde à la prospérité de la Suisse dépasse ainsi de loin l'aide suisse, officielle et privée, dispensée au Tiers Monde à des conditions dites « de faveur » !

Le solde nettement positif de ce bilan n'est pas le fruit de la seule capacité de rendement de l'industrie d'exportation suisse, même encouragée par des mesures officielles. Des obstacles astucieusement semés ont su freiner l'importation des produits des pays en voie de développement. Il convient d'aborder ici l'examen de quelques caractéristiques importantes du tarif douanier suisse :

1. La protection du tarif douanier. Calculée d'après la plus-value

nome et à rejoindre l'Agence internationale pour l'énergie, cartel de combat placé sous la direction de Kissinger et dirigé contre les producteurs de pétrole.

L'oligarchie première exige de pouvoir s'approvisionner en capital sur le marché suisse. Exemples : Honeywell, fabricant multinational d'armes dites « antipersonnelles » (bombes à billes, etc.), Dow Chemical, fabricant multinational de napalm, lancent leurs emprunts de financement en Suisse. Le gouvernement américain exige et obtient la modification de la loi bancaire suisse : ainsi, en 1974, il a contraint le Conseil fédéral à signer d'un processus de production, elle est deux fois plus élevée que le droit de douane nominal généralement avancé comme preuve de la modestie des tarifs douaniers suisses. Avant l'octroi des préférences douanières, elle représentait un handicap commercial de taille pour les produits du Tiers Monde. Le fait que les frais de douane augmentent en fonction du degré d'élaboration d'une marchandise importée diminue les chances pour les pays en voie de développement de s'industrialiser avec succès.

2. Les réductions de taxes consenties aux produits importés des pays en voie de développement à l'occasion du « Kennedy Round » du GATT (Accord général sur les tarifs et le commerce) n'offraient pas, en moyenne, les avantages accordés à ces mêmes produits par les autres pays industrialisés.

3. Au contraire de la plupart des pays industrialisés, la Suisse ne base pas ses tarifs douaniers sur la valeur, mais sur *le poids* des marchandises importées, d'où des taxes plus lourdes pour les produits meilleur marché. Le désavantage pour les pays en voie de développement est évident. Des salaires moins élevés, une qualité généralement inférieure aboutissent à un prix de revient souvent plus bas que celui des produits de la concurrence en pays industrialisés. C'est pourquoi les taxes douanières sur les principaux produits en provenance du Tiers Monde — laine, coton, cuir, par exemple — pèsent proportionnellement 1,5 à 2,5 fois plus lourd que sur les produits correspondants en provenance de pays industrialisés (Hollenstein, *op. cit.*).

un accord dit d' « entraide judiciaire » qui fait obligation aux banques suisses d'ouvrir leurs dossiers aux enquêteurs américains.

Le système des banques d'affaires, qui sous-tend toute la vie économique de la Suisse, est lui aussi caractérisé par la concurrence entre oligarchies première et secondaire. Quelques chiffres : fin 1973, il y avait en Suisse 99 banques étrangères, dominées pour la plupart par le capital américain, et réparties en 84 banques en mains étrangères (sociétés anonymes de droit suisse) et 15 succursales d'établissements étrangers (succursales sans

Les créances étrangères de la Suisse s'élevaient en 1970 à 166
milliards de francs, dont il convient de soustraire 86 milliards de
capitaux étrangers en Suisse. Résultat de l'opération : 80 milliards
nets d'avoirs suisses à l'étranger. Cette somme également répartie
donnerait une moyenne de 14 400 francs par habitant, ce qui dépasse de loin l'Amérique avec ses 1 500 francs par tête pour le
capital placé à l'étranger. D'après H. Kleinewefers, dans la *NZZ*
du 13 janvier 1972, les avoirs suisses à l'étranger sont sensiblement
inférieurs aux chiffres calculés par Ikle, cités ici.) Cette fortune
à l'étranger se répartit sur des établissements industriels (fabrication), sur des valeurs, assurances, propriétés foncières et avoirs
en banques, qui constituent d'ailleurs le plus gros de l'effectif.
Les banques établies en Suisse ont reçu de l'étranger, au cours
de la même année, 53 milliards de francs, et ont placé de leur
côté 66 milliards de francs à l'étranger. La position clé des trois
grandes banques suisses est très nettement indiquée ici, une
partie importante des sommes passant par les comptes de ces
trois instituts (Société de banque suisse, Union de banque suisse,
Crédit suisse).

La Suisse créancière a donc une position forte qui ne manque
pas d'influer sur ses revenus à l'étranger. Les estimations brutes
du bilan renseignent sur ce point. Le produit du capital (intérêts,
dividendes) se montait en 1971, après déduction des intérêts suisses
à l'étranger, à 3 500 millions de francs. Les banques suisses qui
perçurent plus de 500 millions de commissions et taxes et 100 millions pour leur propre argent à l'étranger (valeurs). Compte tenu
des 340 millions de francs rapportés par les assurances à l'étranger,
le capital suisse à l'étranger a rendu, en 1971, 4,5 milliards de francs
environ, auxquels peuvent encore s'ajouter les droits de licence,
soit plus d'un milliard. Le montant total a donc dû dépasser finalement les 5,5 milliards, représentant 6 % du revenu national. Ce
sont des chiffres qui, toutefois, ne révèlent rien sur les avoirs suisses
dans le Tiers Monde, en ce qui concerne les banques et les assurances
du moins. Pour soulever un coin de voile, il conviendrait d'étudier
les marchés internationaux sur lesquels les trois plus grandes
banques de Suisse occupent une position importante (Kappeler,
op. cit.).

personnalité juridique) [1]. Le nombre des banques sous contrôle étranger, de même que celui des succursales, risque d'augmenter depuis l'effondrement relatif du dollar et la constitution du franc suisse surévalué en monnaie de réserve internationale. Les banques, sociétés financières, trusts d'investissements, spéculateurs de devises et discrètes officines de « gestion de fortune », étrangers ou suisses, se livrent en territoire suisse à une lutte où pratiquement tous les coups sont permis [2].

Autre exemple : les empires bancaires helvétiques sont les principaux bailleurs de fonds du régime raciste d'Afrique du Sud. L'exploitation de l'ouvrier noir y étant garantie par des lois draconiennes, les installations industrielles appartenant — par holdings interposés — à des groupes financiers genevois, zürichois, bâlois, abondent. Pour illustrer cette exploitation, je me bornerai à reproduire sans commentaire la dépêche suivante du *Manchester Guardian :*

> Pour protester contre leurs conditions de travail inhumaines, 700 ouvriers noirs de la succursale Alusuisse en Afrique du Sud ont fait grève le 28 mars 1973. La direction d'Alusuisse, refusant tout dialogue avec les ouvriers, licencia tous les grévistes. Elle fit en outre appel au gouvernement contre ses propres ouvriers : le gouvernement envoya un contingent de 100 agents armés qui exerça une répression sanglante contre les ouvriers [3].

1. Chiffres in *Bulletin de l'Association des banques étrangères en Suisse,* paraissant tous les ans en juin.
2. La législation suisse réglant le statut et les pratiques des banques étrangères en Suisse est notoirement insuffisante. Ceci pour une raison simple : la plupart des établissements étrangers en Suisse sont constitués sous forme de société anonyme. Or, le Code des obligations exige une majorité de Suisses parmi les membres du conseil d'administration. Nombre de banques étrangères, de sociétés financières, etc., recrutent donc — exactement comme les empires autochtones — des parlementaires, hommes de parti, avocats d'affaires et notables locaux en tous genres. Ces hommes sont alors tentés tout normalement de faire échouer les tentatives de réglementation sérieuse des activités bancaires étrangères en Suisse.
3. *Manchester Guardian,* 29 mars 1973; Alusuisse est une société multinatio-

Or, il existe aujourd'hui, en Afrique du Sud, une lutte violente entre les entreprises multinationales nord-américaines et l'impérialisme secondaire helvétique pour le contrôle du capital financier. Conséquence : il arrive que les États-Unis dénoncent publiquement le régime de l'apartheid. Les entreprises multinationales helvétiques ont trouvé une riposte originale : elles transfèrent hors d'Afrique du Sud celles d'entre les phases de production qui exigent la plus rude exploitation des travailleurs. Le transfert se fait sur l'île Maurice, à Port-Louis. Les entreprises multinationales y ont installé une zone franche. Elles y déversent annuellement des milliers de tonnes de produits semi-finis. Ces produits sont achevés sur place par une main-d'œuvre féminine qui travaille pour des salaires et dans des conditions d'hygiène et de sécurité encore plus scandaleux. Les produits finis sont réexportés vers l'Europe occidentale, principalement vers les pays du Marché commun, via la Grande-Bretagne [1].

Toutes ces contradictions sont donc bien réelles. En dernière analyse, toutefois, elles ne sont que secondaires. Le fait qui domine tous les rapports entre les oligarchies première et secondaire est celui d'une unité fonctionnelle. L'impérialisme secondaire suisse (ou français, japonais, etc.) assume, au sein d'un même système de domination mondiale, des fonctions indispensables, précises, que nous allons analyser en ce qui concerne la Suisse. Cette unité fonctionnelle prime tous les aspects concurrentiels de l'activité parallèle des divers impérialismes contemporains, ou, plus précisément, elle fixe les maxima tolérables pour l'affrontement réel, la concurrence et les contradictions entre les différentes oligarchies. Ces contradictions, par contre, ne mettent jamais vraiment en question le système mondial de domination, du moins aussi longtemps qu'elles peuvent être

---

nale de bauxite, d'alumine et d'aluminium ; bénéfice en 1974 : 204 millions de francs suisses.
1. Pour les détails de l'opération, cf. *Afrique-Asie*, 1973.

« gérées » — ce qui, de toute évidence, est le cas aujourd'hui — dans le cadre de l'unité stratégique des États impérialistes. Quand elles deviennent un danger pour l'oligarchie secondaire, celle-ci s'arrange pour orienter sa stratégie au sein d'une organisation supranationale comme le Marché commun européen ou l'Agence internationale pour l'énergie.

J'insiste sur ce point qui fonde la nature ambiguë de l'impérialisme secondaire : constamment menacé d'être satellisé, sa relative et contradictoire indépendance devient de plus en plus précaire; mais plus celle-ci se détériore, plus l'oligarchie secondaire se dévoue à son rôle d'instrument, d'auxiliaire indispensable de l'impérialisme premier! Le paradoxe n'est qu'apparent : l'impérialisme impose, par sa nature même, des choix absolus et difficilement révocables. S'il est vrai que deux oligarchies — l'américaine et la suisse — peuvent se combattre à l'intérieur d'un marché donné, il est non moins évident qu'elles procèdent toutes deux, quelle que soit leur situation conflictuelle ou de complémentarité, d'un même système antinomique d'organisation politique et économique de la planète. La stratégie bancaire, industrielle, militaire, commerciale et politique de toutes les oligarchies impérialistes première ou secondaire est partout et toujours la même : celle de la domination monopolistique des marchés, de la maximisation des profits, de la surexploitation de l'homme.

ANNEXE

> Pour connaître la puissance « autonome » du capital industriel suisse, il faut définir ses axes de pénétration dans l'aire tricontinentale. Texte et tableaux sont de Strahm. J.Z.

ÉTENDUE ET LOCALISATION DES INVESTISSEMENTS INDUSTRIELS [1]

A la fin de 1972, la valeur comptable des investissements privés suisses dans le Tiers Monde était de 4 milliards de francs suisses environ [2]. La dernière enquête sur la répartition des investissements directs remonte à 1967. Nous la devons à l'OCDE [3].

Le *tableau* I montre la distribution géographique des investissements privés directs de la Suisse et des seize pays industriels occidentaux membres du CAD [4]. La Suisse, qui participe pour 2 % à tous les placements mondiaux dans les pays en voie de développement, est représentée en Europe méridionale (qui appartient auxdits pays en vertu de la définition de l'OCDE) et en Amérique latine avec un dépassement respectif de 6,5 % et 2,3 % en moyenne. Elle se tient modestement au-dessous de cette moyenne (0,9 à 1 %) en Afrique et en Asie où la pauvreté est plus grande. Par contre, en Afrique du Sud (absente du chiffre total), à Hong Kong, en Thaïlande, à Formose, à Singapour et en Corée du Sud comme en Argentine, au Mexique, au Brésil et aux Antilles, l'apport suisse dépasse la moyenne. Parmi

1. Extrait de « Schweizer Industrieinvestitionen in Entwicklungslaendern », *Schweizer Kapital und dritte Welt*, op. cit.
2. Si nous prenons le chiffre de 3 454 millions à la fin de 1968, publié dans les *Investissements privés suisses dans le Tiers Monde* (ouvrage collectif, IUHEI, Genève, 1971, p. 46) et ajoutons les investissements annuellement indiqués par la division du Commerce, nous obtenons, pour la fin de 1971, un capital de 3 840 millions de francs suisses. Il faudrait y ajouter les gains réinvestis, les réinvestissements financés par des prêts, etc. La valeur financière de l'investissement industriel suisse dans les pays dits en voie de développement dépasse ainsi de très loin les 4 milliards environ indiqués.
3. OCDE/Development Assistance Directorate, *Stock of Private Direct Investments by DAC Countries in Developing Countries*, fin 1967, OCDE, Paris, 1972, p. 13-134.
4. Comité d'aide au développement, organe de l'OCDE.

TABLEAU I

Répartition géographique des investissements privés suisses et de tous les pays du CAD dans les pays en voie de développement (fin 1967)

	SUISSE*	TOTAL* PAYS DU CAD	SUISSE EN % DU TOTAL DU CAD
Sud de l'Europe	130	1 993	6,5
dont : Espagne	110	1 377	8,0
Afrique	60	6 591	0,9
dont : Guinée	19	93	20,5
Tanzanie	3,0	60	5,0
sans : Afrique du			
Sud (1966)	231	5 313	4,3
Amérique centrale et			
du Sud	427	18 449	2,3
dont : Argentine	116	1 821	6,4
Antilles néer-			
landaises	21	381	5,5
Mexique	80	1 786	4,5
Brésil	140	3 728	3,8
Asie et Moyen-Orient	77	8 094	1,0
dont : Thaïlande	8,0	214	3,7
Hong Kong	10	285	3,5
Taïwan	5,0	149	3,3
Singapour	5,0	183	2,7
Corée du Sud	2,0	78	2,6
Total des pays en voie			
de développement	694	35 127	1,98

* En millions de dollars.

SOCIÉTÉ	CHIFFRES D'AFFAIRES*	PERSONNEL total	Suisse
Nestlé	15 770 (1972)	116 000	*env.* 6 000
Ciba-Geigy	8 064 (1972)	71 000	18 000
Hoffmann-La Roche	5 500 (1971) estimation approx.	30 000	5 000
BBC-Brown-Boveri	6 577 (1972)	92 000	19 000
Sandoz	3 395 (1972)	32 000	9 000
Sulzer	2 150 (1970)	35 000	14 000
Alusuisse	2 050 (1971)	25 000	4 000
Holderbank	1 200 (1970)	9 600	1 400
Oerlikon-Bührle	1 109 (1972)	16 000	

* en millions de francs suisses (suivi de l'année).

*Participation majoritaire dans les pays en
voie de développement*

TABLEAU II

Investissements directs des
sociétés multinationales
suisses dans les pays en
voie de développement
(sauf le Sud de l'Europe).

81 entreprises dans 28 p.e.v.d.
66 dans 14 p.e.v.d. en Amérique latine;
10 dans 6 p.e.v.d. en Asie;
 7 dans 7 p.e.v.d. en Afrique.

29 dans 21 p.e.v.d.
14 dans 9 p.e.v.d. en Amérique latine;
 5 dans 5 p.e.v.d. en Afrique;
10 dans 7 p.e.v.d. en Asie et au Moyen-
   Orient.

16 dans 12 p.e.v.d.
12 dans 8 p.e.v.d. en Amérique latine;
 4 dans 4 p.e.v.d. en Asie.

6 dans 5 p.e.v.d.
Brésil 2; en Argentine, Pérou, Mexique.
Inde : 1 chacun.

29 dans 21 p.e.v.d.
16 dans 11 p.e.v.d. en Am. latine;
10 dans 7 p.e.v.d. en Asie et au Moyen-
   Orient;
 3 dans 3 p.e.v.d en Afrique.

12 dans divers p.e.v.d.
 6 en Amérique latine;
 2 en Afrique;
 4 en Asie et au Moyen-Orient.

9 dans 7 p.e.v.d.
Brésil 2, Nigeria 2, Antilles néerlandaises,
   Costa Rica, Madagascar, Guinée, Sierra
   Leone.

7 dans 6 p.e.v.d.
Mexico, Costa Rica 2, Colombie, Brésil,
   Pérou, Zaïre.

3 dans 3 p.e.v.d.
Brésil, Chili, Argentine;
participations minoritaires en Inde, Pakistan,
   Soudan, Turquie.

les pays afro-asiatiques, un seul État classé parmi les plus pauvres
connaît une participation suisse supérieure à la moyenne : c'est la
Guinée, dont le sous-sol ne manque pas d'attrait (bauxite). La Suisse
y a opportunément installé d'importantes industries fondées sur
l'extraction (Alusuisse).

Les investissements suisses se cantonnent pour l'essentiel dans un
nombre réduit de pays. Une enquête de la division du commerce du
département fédéral de l'Économie (1968) montre *que 58 % de tous les
investissements suisses dans le Tiers Monde (et l'Europe méridionale)*
sont concentrés dans quatre pays : Brésil (19,2 %), Espagne (15,1 %),
Argentine (12,24 %) et Mexique (11,5 %), 43 % des placements
avantageant ainsi les trois États les plus favorisés de l'Amérique
latine [1].

Le capital suisse investit en bonne logique capitaliste dans les pays
et régions du Tiers Monde relativement avancés industriellement
et offrant une possibilité d'économie « libre » dans un climat politique « stable ». Seules font exception les industries minières obli-
gatoirement soumises aux données naturelles (Alusuisse en Guinée,
par exemple). Les branches économiques préférées des Suisses obéis-
sent à un classement qui met au premier rang (toujours en valeur
comptable) les entreprises de transformation, avec 55 % de l'ensemble des investissements suisses. Viennent ensuite les branches de
l'infrastructure (électricité en particulier) avec 16 %, et le négoce
avec 7 %. Les autres secteurs sont le tourisme, la banque et les mines.

La présence du capital suisse dans les pays en voie de développement se signale par le chiffre élevé des établissements. Les cinq plus
grands trusts internationaux de la Suisse contrôlent au bas mot
161 filiales et usines dans les pays en voie de développement, et les
neuf plus grands en contrôlent 192.

Le tableau II montre les participations majoritaires (50 % et plus
du capital) de dix trusts suisses dans les pays en voie de développement (sans l'Europe méridionale). Les simples filiales de vente et
centres de distribution ne sont pas compris dans ce chiffre; les quelque 40 fabriques sous contrôle suisse en Afrique du Sud non plus.
Nous ne disposons que de données imprécises sur Hoffmann-La
Roche et ses investissements. Nous avons d'autant moins la prétention d'avoir dressé une liste complète que la distinction entre le
contrôle effectif par participation minoritaire et la participation majoritaire, ainsi qu'entre les entreprises de production et les

---

1. Cette enquête ne coïncide pas exactement avec celle de l'OCDE.

centres de distribution, n'est pas toujours facile à établir [1].

La participation des sociétés financières suisses et des holdings opérant à partir de la Suisse n'entre pas en ligne de compte ici [2]. Sur les mille sociétés américaines de holding qui contrôlent les firmes US et leurs succursales dans le monde entier, *600 ont leur siège en Suisse*, ceci pour des raisons évidentes de politique fiscale [3].

Le trust le plus important est la maison Nestlé qui, dans la liste mondiale, figure parmi les plus grands avec 297 usines dans le monde entier, dont 81 dans 28 pays en voie de développement. Avec 100 centres administratifs et 697 centres de vente dans le monde entier, Nestlé pourrait bien être le trust mondial le plus multinational par sa dispersion géographique! Nestlé exerce sa domination dans trois secteurs différents : la Nestlé Alimentana SA comprend la maison mère de Vevey et contrôle l'activité du trust dans l'Europe entière (sauf la zone sterling) ; la Nestlé Ltd est responsable de la zone sterling ; la Unilac Inc. contrôle les activités à Panama et dans tous les pays d'Outre-Atlantique (moins les USA)...

L'effectif total du personnel des firmes établies dans les pays en voie de développement se montait, selon les données fournies par l'Administration fédérale, à 100 700 personnes pour 1971 : 16 200 dans les pays en voie de développement de l'Europe méridionale, 7 900 en Afrique, 55 000 en Amérique latine et 21 600 en Asie [4]. La répartition par pays en voie de développement du personnel des firmes suisses est aussi mal connue que les sommes investies dans chaque pays par ces firmes au cours de ces dernières années. Les chiffres les plus récents dont nous disposons concernant la répartition par pays des montants totaux des investissements suisses datent de 1967. Nous les donnons comme base de l'enquête de l'OCDE mentionnée ci-dessus (cf. tableau i). Cette enquête montre que les chiffres n'ont pu être obtenus en Suisse que sur le mode confidentiel et qu'ils ont été gardés secrets à partir de 1968. (Strahm, *op. cit.*)

---

1. Sources : *Rapports de gestion*, Nestlé, Ciba-Geigy, BBC, Sandoz, Alusuisse, Sulzer, Holderbank, Oerlikon-Bührle, ainsi que : Hermann Stehler, *Politique d'investissement à l'étranger des grandes entreprises industrielles suisses*, St Gall, 1969; Max Ikle, *La Suisse, rendez-vous des banques et de la finance internationale*, Zürich, 1970, p. 171; Peter Nobel, « Entreprises multinationales », *Büchi/Matter, Suisse-Tiers Monde, solidarité ou rentabilité?* Zürich, 1973, p. 174; *Revue Focus*, n° 22, septembre 1971, Zürich, p. 17.
2. Voir l'étude de B. Kappeler, *op. cit.*
3. OCDE, *Stock of Direct Investments...*, *op. cit.*, p. 139.
4. *Entwicklung/Développement*, n° 17 janvier 1973.

2. « Une nation de receleurs[1] »

> Tu sais qu'on nomme la Suisse, ma rose, le coffre-fort muet,
> le coffre-fort des fortunes que l'on a fait fuir de quelque part, de
> quelque chose.
>
> ...
> Pourquoi ai-je écrit tout cela sur la Suisse?
> Peut-être pour avoir envié le petit jardin au milieu du désert
> ensanglanté.
> Les fleurs de ce petit jardin n'ont-elles pas été, ne sont-elles pas
> arrosées de notre sang qui coule au milieu du désert?
> Et dans la nuit paisible et neigeuse de la Suisse
> Les étoiles ne scintillent-elles pas
> Lavées par nos larmes?
>
> NAZIM HIKMET, *En passant par la Suisse.*

a. Banquiers et bandits
les réseaux de convoyeurs

Au sein du système impérialiste mondial, l'impérialisme suisse
remplit le rôle indispensable de *receleur*. L'oligarchie impérialiste de chacun des pays du centre et leurs complices locaux dans
les pays de la périphérie (les classes dominantes du capitalisme
périphérique) ont besoin d'un lieu où la législation bancaire,
la libre convertibilité des monnaies, la relative stabilité politique
et l'efficacité technologique et instrumentale des institutions
(télex, aéroports, comptabilité) permettent la mise à l'abri
d'abord, le réinvestissement rationnel, ensuite, de leur butin
accumulé. Il existe deux types de réseaux de convoyeurs : le

---

1. Le mot de Lénine est injuste, puisque ce n'est pas la nation mais l'oligarchie qui recèle ; pour les textes de Lénine sur la Suisse, cf. M. Pianzola, *Lénine
en Suisse*, Librairie Rousseau, Genève, 1956.

premier type est entretenu par les banques d'affaires elles-mêmes. Ces réseaux sont généralement très bien organisés.

C'est tout à fait exceptionnellement qu'un banquier se fait prendre. Ce fut pourtant le cas pour le banquier genevois Hentsch, de la banque Hentsch et C⁰., sise rue de la Corraterie, dirigeant un réseau opérant en Suède. Il fut arrêté par la police suédoise en 1972 et condamné par la Cour de Goeteborg. Le second est organisé par des « transporteurs » professionnels, qui fixent les dates de passage, les modalités de commission, etc. ; ces « transporteurs » sont payés par les clients exportateurs. Ils remettent le capital en fuite à la banque suisse. Pour les pesetas espagnoles, la commission est actuellement de 7 % (cf. *Der Spiegel*, 19.1.1976), le transport se faisant en billets de 1 000 pesetas par valises.

Aucun chiffre officiel n'a jamais été donné concernant le montant du capital en fuite réfugié en Suisse [1]. Le Conseil fédéral lui-même affirme ignorer le montant, la provenance et les lieux de dépôt de la plupart de ces sommes astronomiques. Ce qui pose une question politique intéressante : ou bien les banques suisses fonctionnent sans comptabilité, ou bien le gouvernement ignore et ne veut pas savoir ce qui se passe dans son propre pays!

En 1974, les cinq principaux empires bancaires de Suisse (Union de banque suisse, Société de banque suisse, Crédit suisse, Banque populaire, Banque Leu) contrôlaient à eux seuls un chiffre d'affaires voisin du produit national. Or, il existe en Suisse plus de 4 000 banques (y compris les succursales). Ces capitaux en fuite ont été soustraits au fisc de leur pays d'origine [2]; parfois, il s'agit également de capitaux acquis par des actes

---

1. J'entends par capital en fuite un capital dont le transfert ne correspond au règlement d'aucune dette ou transaction marchande.
2. Les officines de propagande des Seigneurs de la banque tentent d'assimiler habilement le recel à une activité productrice. Voir à ce sujet une interview d'Alfred Schaefer, PDG de l'Union de banque suisse : « Our raw material is money », *Newsweek*, 11 mars 1974.

criminels passibles de sanctions, ou simplement de capitaux mis
à l'abri en Suisse parce que leur « sécurité » y paraît mieux
garantie qu'ailleurs. L'exportation de capitaux de ce genre
est généralement interdite dans la plupart des pays. Les réseaux
violent donc quotidiennement un grand nombre de lois suisses
et étrangères. Mais le gouvernement suisse s'abstient curieu-
sement de les démanteler [1].

Exemple : la chute, le 24 avril 1974, de la dictature fasciste
au Portugal provoqua la fuite massive de capitaux privés. Dès
l'avènement du premier gouvernement provisoire, des décrets
sévères furent pris qui interdirent tout transfert non autorisé
à l'étranger. Or, selon un rapport de la Banque du Portugal
publié en juillet 1975, le pays avait perdu entre avril 1974 et
avril 1975 plus d'un milliard d'escudos sous forme de capital
en fuite. Il s'agit là uniquement du capital expatrié clandestine-
ment (transport par voitures immatriculées à l'étranger, etc.)
sous forme de billets de banque. Ces billets sont ensuite présentés
par les banques nationales des pays receveurs (receleurs) à la
Banque du Portugal afin d'en obtenir le remboursement en
devises ou en or. Le rapport indique que parmi toutes les banques centrales d'Occident, c'est la Banque nationale suisse qui
présente régulièrement la masse la plus considérable de billets
portugais à la Banque du Portugal [2].

Une constatation : aux capitalistes étrangers, le banquier helvétique garantit l'anonymat et la sécurité. Il ne paie que rarement
un intérêt significatif pour l'argent reçu; une loi fédérale de
novembre 1975 — mais, rassurez-vous, elle n'est point appli-

1. Il existe à Genève un nombre de «sociétés financières» spécialisées connues
de tous. Tant les réseaux contrôlés directement par les banques ou des sociétés
financières que ceux dirigés par des « transporteurs » indépendants font
appel, pour l'exécution des tâches, à des contrebandiers, des truands professionnels.
2. Pour l'analyse des réseaux « italiens », cf. l'enquête de *la Stampa*, Turin,
10.1.1976; pour les réseaux « nord-africains », cf. *Tribune de Lausanne*, 28.5.1973;
pour le fonctionnement d'un des plus puissants réseaux « français », cf. *Journal
24 heures* 13.11.1975; pour le réseau « espagnol », cf. *Der Spiegel*, n° du 19.1.1976.

quée! — exige le prélèvement d'un intérêt négatif de 40 % par an sur les capitaux en fuite déposés en Suisse. Le capitaliste étranger accepte généralement ce marché. Le franc suisse a augmenté par rapport à la lire, à la livre sterling et au franc français de 74 % en moyenne depuis février 1972. Le capitaliste étranger est gagnant. Le banquier suisse aussi. Avec l'argent qu'il reçoit ainsi gratuitement, il finance son propre empire, ses propres sociétés multinationales.

« La Suisse, un jardin ensanglanté... », dit Nazim Hikmet. Il n'est guère possible, dans un court chapitre de livre, de décrire l'ensemble des pratiques, dissimulations, mensonges et stratégies compliquées, admirables de ruse, qu'utilisent les capitalistes étrangers et leurs complices suisses pour transférer leur argent en Suisse. Quelques-unes des méthodes les plus courantes :

1. *La sous-facturation* : Une entreprise française, italienne, brésilienne, anglaise, japonaise, etc., exporte des marchandises dans un pays X. Le prix d'achat défini par contrat s'élève à 10 millions. En fait, la marchandise est payée 18 millions. Les 10 millions sont régulièrement versés par l'acheteur; le vendeur des marchandises les rapatrie en les déclarant à l'office des changes de son pays d'origine et en encaissant la contre-valeur en monnaie nationale. Les autres 8 millions, par contre, sont payés directement par l'acheteur en devises sur le compte numéroté du vendeur en Suisse.

2. *La compensation* : Il existe à Paris, Lyon, Rome, Milan, Madrid et dans la plupart des grandes métropoles d'Asie, d'Amérique et d'Afrique, de discrètes officines spécialisées dans les transactions dites de « compensation ». Ces officines ont une connaissance intime du commerce extérieur du pays dans lequel elles opèrent. Elles connaissent les flux et reflux de biens, les délais de paiements, les fluctuations monétaires, l'évolution des bilans (réserves muettes, liquidités, etc.) de la plupart des grandes sociétés. Une entreprise ou un particulier désirent effectuer un paiement dans un pays X : l'entreprise ou le particulier consultent

l'une de ces officines. Celle-ci les met en rapport — moyennant commission souvent élevée — avec un autre de ses clients qui, lui, détient une créance dans le pays concerné.

Exemple : un importateur français habitant Paris importe des machines d'Allemagne. Il propose à la Banque de France d'effectuer une compensation régulière avec un exportateur français travaillant avec l'Allemagne. En fait, il opère une compensation fictive qui — voir le paragraphe 1 — jongle avec des sommes bien supérieures à celles indiquées dans sa requête à la Banque de France. En fait, les créances voyagent. Si l'importateur X a une dette réelle de 2 millions de deutschmarks et le créancier Y une créance de 2 millions également, ils peuvent très bien fixer une compensation en yen japonais ou en lires italiennes, stipulée à terme. L'officine de compensation qui, elle, effectue réellement la transaction monétaire, spécule alors — chose tout à fait courante — pour son propre compte, ou pour le compte de l'un de ses clients, sur des fluctuations monétaires qui touchent souvent cinq ou six monnaies à la fois et qui font voyager la dette (ou la créance) en question de Francfort à Londres, de Tokyo à Paris ou à New York. Le surproduit aboutit presque toujours sur un paisible compte numéroté en Suisse.

3. *La location de coffre-fort :* Cette méthode est banale. Le capitaliste étranger remet à un réseau de convoyeurs ses lingots d'or, ses bijoux, tableaux, fourrures, ou, plus simplement, des liasses de billets de banque. Le convoyeur les transporte en Suisse, loue un coffre dans un des sous-sols d'une des banques helvétiques et y entasse les trésors de son client. S'il s'agit de billets de banque étrangers, le convoyeur les change évidemment en francs suisses avant de les abriter dans son coffre. « Fonder une banque et piller une banque — c'est la même chose », dit Bertolt Brecht. Il a parfaitement raison. Seulement voilà : des banques, sociétés financières et bureaux de gestion de fortunes sont fondés tous les ans en Suisse. Mais jamais — de mémoire de banquier — un coffre suisse n'a été violé. D'autres désagré-

ments, très passagers, peuvent cependant menacer les convoyeurs et locataires de coffres.

Exemple : depuis novembre 1975, l'Italie perdait, d'après les affirmations de son propre gouvernement, l'équivalent de 500 millions de dollars par mois en capitaux de fuite. Le gouvernement démocrate-chrétien s'abstint prudemment de faire aux banquiers suisses un quelconque procès d'intention. Et pour cause : la plupart des dirigeants romains disposent — tout comme le Vatican, principal associé dans la banque Sidona de Zürich — d'importants comptes numérotés, participations immobilières, etc., en Suisse. L'épouse d'un grand dirigeant politique italien est copropriétaire de la Tour de Super-Crans, l'une des résidences de sports d'hiver les plus luxueuses d'Europe. Mais plusieurs gouvernements régionaux italiens, à direction communiste ou socialiste, décidèrent de réagir. Ils constituèrent une délégation qui négocia directement avec Berne. Leur proposition : ou bien le gouvernement helvétique prenait des mesures effectives pour arrêter l'hémorragie de capitaux (6 milliards de dollars par an), ou bien les gouvernements régionaux ne pourraient plus, à l'avenir, garantir la sécurité des investissements suisses dans leurs régions respectives. Ces investissements sont considérables. Ils offrent une particularité qu'a illustrée en juillet 1976 l'affaire des gaz toxiques TCD de l'usine Hoffmann-La Roche de Seveso, dans la banlieue de Milan : les sociétés multinationales suisses transfèrent en Italie les phases de production les plus dangereuses pour la population environnante. Ainsi la société Hoffmann-La Roche renonce-t-elle depuis vingt ans à la fabrication de substances TCD sur le territoire suisse (cf. interview du PDG de cette société, A. W. Jann, dans le journal *Der Blick*, 6.8.1976). Bref : le gouvernement fédéral, justement ému par la colère des ministres régionaux, fit l'impensable ! Il viola le sacro-saint principe de la libre-convertibilité. En avril 1976, le Conseil fédéral prit un arrêté : désormais, on ne pourra changer des lires ou des francs français, etc., que jusqu'à concurrence de

20 000 francs suisses. Cette mesure, bien sûr, est avant tout destinée à amuser la galerie. Elle est tournée quotidiennement. Il suffit qu'un capitaliste multiplie le nombre de ses convoyeurs, ou, plus simplement encore : qu'il remette son argent à l'une ou l'autre des officines privées de compensation [1].

4. Les banquiers suisses ont mis au point une autre méthode. Elle fait des ravages avant tout en France, en Italie et en Espagne : une entreprise pratique la sous-facturation interne et externe. Son bilan sera donc déficitaire. Ceci comporte de nombreux avantages : la direction de l'entreprise pourra résister avec des arguments « solides » aux demandes de réajustements des salaires des syndicats; elle ne paiera pas d'impôts; et dans certains pays — Italie, France dans certains cas — elle obtiendra de substantielles subventions de l'État. Tout l'art consistera désormais à maintenir cette entreprise « déficitaire » à quelques millimètres au-dessus de la ligne de flottaison. Il faut en effet éviter *à la fois* la faillite et les profits ! Comment faire ? Pour pouvoir fonctionner, l'entrepreneur « déficitaire » demandera périodiquement des crédits de fonctionnement à court terme (trimestriels, dans la

---

1. A propos de la prolifération des coffres, une remarque qui a trait à la politique locale genevoise : les banques, telles les taupes, ne cessent de creuser le sol urbain. Elles ne savent que faire de l'argent étranger qui les submerge. Alors elles creusent... A Genève elles en sont à leur cinquième étage sous terre. Les règlements municipaux limitent la construction en hauteur. Seule solution : s'enfoncer sous terre. Quiconque arpente la Corraterie, la rue du Rhône, la rue de la Confédération, marche en fait sur des tapis d'or, sur des montagnes de billets, de valeurs, de bijoux, de métaux précieux entassés. Mais ces caves d'Ali Baba posent d'inattendus problèmes aux édiles de la Cité; la nappe phréatique est aujourd'hui atteinte par les cylindres de béton qui protègent les couloirs interminables où s'alignent les coffres-forts. Or, le quartier des banques de Genève est situé sur la rive gauche du Rhône. Les eaux souterraines se déplacent — et détruisent les fondations des immeubles des quartiers riverains, fournissant un argument aux démolisseurs ! C'est ainsi que, dès juillet 1976, les bulldozers ont abattu deux rangées entières d'habitations, situées derrière le quai des Bergues, dans l'ancien faubourg de Saint-Gervais. Il s'agit de maisons d'une grande valeur historique, dont la perte est irréparable. Ces demeures de « cabinottiers », d'horlogers travaillant à domicile, dans des ateliers en galerie sous des toits haut perchés, abritaient la première industrie horlogère d'Europe ; Jean-Jacques Rousseau et sa famille ont vécu dans une de ces maisons.

plupart des cas). Auprès de qui ? Auprès de la banque suisse qui
abrite son compte numéroté. Les grandes banques suisses possèdent dans la plupart des pays soit des succursales, soit des instituts qu'elles contrôlent au moyen de participations. On dira que
ces crédits à court terme coûtent extrêmement cher ? C'est vrai.
Mais les intérêts mensuels de 24 ou 25 % — que l'entrepreneur
devra payer pour maintenir son usine à flot sont encaissés par
un créancier qui ressemble comme un frère — ô miracle ! — au
débiteur... Bref : l'heureux entrepreneur paie à lui-même les
agréables profits dont il débite ensuite la malheureuse société
(anonyme, commanditaire, etc.) propriétaire de l'usine.

b. Le capital en fuite

Il existe deux catégories de capital en fuite. L'existence de la
première est liée au fait que le bilan commercial de la Suisse
avec la plupart de ses partenaires d'Europe occidentale est déficitaire. L'afflux en Suisse de capitaux clandestins fonctionne
comme une compensation approximative. Si le gouvernement
français (ou anglais, italien, allemand) voulait prendre des
mesures sérieuses pour arrêter l'hémorragie fiscale de son pays
et stopper notamment la fuite des capitaux vers la Suisse, le
gouvernement de Berne répliquerait immédiatement en deman-
dant une re-négociation des contrats commerciaux. Cette première catégorie de recels prend des dimensions étonnantes : le
New York Times a publié en 1974 une enquête menée par
son rédacteur Paul Hoffmann dans la ville de Lugano [1]. Capi-
tale économique du canton du Tessin, située à une heure
et demie de voiture de Milan, Lugano compte 25 000 habitants et plus de 300 banques, sociétés financières, officines
fiduciaires et agences d'investissement ! Paul Hoffmann indique

1. *New York Times*, 4 septembre 1974, p. 59.

que, dans la période allant de 1964 à 1974, des capitaux de
fuite en provenance d'Italie et s'élevant à plus de 15 milliards
de dollars ont été déposés à Lugano. Toutes les grandes
banques suisses (et beaucoup de banques étrangères) maintiennent à Lugano des succursales dont l'importance paraît
sans aucun rapport avec les faibles besoins financiers de la
région tessinoise.

Je l'ai dit : en avril 1976 le Conseil fédéral décréta que les
billets de banque étrangers ne pouvaient être changés qu'à
concurrence de 20 000 francs suisses. Cette mesure est inopérante. La fuite des capitaux se fait essentiellement par la compensation internationale, la sous-facturation de marchandises
livrées à l'étranger, etc. J'insiste en redonnant un exemple :
un entrepreneur français livre des marchandises à l'étranger. Il
les vend 5 millions de NF, mais ne facture officiellement que
3 millions. Les 3 millions sont payés par l'acheteur en devises
et rapatriés normalement par l'intermédiaire de la Banque de
France. Les 2 autres millions, par contre non déclarés, vont
directement sur le compte numéroté de l'entrepreneur français
en Suisse.

La sous-facturation des exportations mettra rapidement
l'entreprise française en France en difficulté. Qu'à cela ne
tienne ! L'entreprise sera déficitaire, ce qui sur le plan fiscal
français permet d'obtenir de fortes réductions d'impôts. Pour
fonctionner néanmoins l'entreprise déficitaire contractera des
crédits, des emprunts à court terme. Auprès de qui ? Auprès
de la banque suisse qui abrite le compte numéroté de l'entrepreneur en question ! Résultat : l'entrepreneur français ne
paiera plus d'impôts en France, mais gagnera, grâce aux
intérêts élevés qu'il se paie à lui-même, par l'intermédiaire
de son compte en Suisse, des sommes fabuleuses.

Selon une récente enquête, environ 400 000 Français possèdent un compte numéroté en Suisse. Alors qu'en France plus
d'un million de personnes sont au chômage, que de nom-

breuses entreprises sont en difficulté faute d'investissements. La
fortune française en Suisse dépasse la somme de 390 milliards
de nouveaux francs. Ce qui, selon Jacques Attali, conseiller
économique de François Mitterrand, représente quatre mois de
la production nationale et le dixième au moins du patrimoine
de la France [1].

La deuxième catégorie de capitaux en fuite est constituée par
les capitaux provenant des classes dominantes du capitalisme
périphérique.

Exemple : le Comité de coordination des forces armées éthiopiennes qui, le 9 septembre 1974, destitua l'empereur Haïlé
Sélassié, découvrit avec stupeur le montant des capitaux transférés à l'étranger par le souverain déchu. Le 12 septembre 1974,
l'AFP transmit le communiqué suivant du Comité :

> Le Comité donne des statistiques sur la production des mines
> d'or dans le Sud du pays, où une main-d'œuvre travaillant
> sous la contrainte a extrait des centaines de milliers de kilos
> d'or pendant des dizaines d'années. Cet or était envoyé à
> l'étranger au profit de l'empereur et il est même arrivé qu'une
> banque ait changé l'or en monnaie liquide, car elle ne savait
> plus que faire du métal précieux (...) Les dépôts faits par le
> souverain dans des banques étrangères sont codés et il y a peu
> de chance que ces fonds puissent être utilisés pour aider le
> pays dans ses difficultés actuelles. Le Comité cherche à provo-
> quer une réaction populaire pour obliger le souverain à trans-
> férer ces fonds. Les premières réactions des Éthiopiens moyens
> sont de s'étonner que des sommes aussi importantes extraites
> d'un pays pauvre profitent à des banques de certains pays les
> plus avancés du monde. On pense, à Addis-Abeba, qu'une
> grande partie de cette fortune est déposée en Suisse [2].

---

1. Jacques Attali, in *le Monde diplomatique,* mai 1976, p. 4.
2. Le chiffre avancé par le comité de coordination des forces armées est de
6 milliards de dollars US, au taux de septembre 1974.

Autre exemple : en 1974, le journal *El Panama-America* publie la dépêche suivante en provenance de son bureau de Tegucigalpa :

> Le gérant de la Banque centrale du Honduras, Porfiro Zavala, déclare que le pays affronte une situation difficile à cause de la fuite des capitaux à l'étranger. Les personnes ayant exporté leur argent doivent absolument le rapatrier [1].

Le fonctionnaire attribue cette situation au « climat d'incertitude que traverse le pays et au faible taux d'intérêt en vigueur ». En d'autres termes, les timides efforts du gouvernement national hondurien pour instaurer le premier impôt sur le revenu qu'ait connu ce pays et alléger ainsi tant soit peu la misère de la grande majorité du peuple, sont pratiquement annulés par le transfert massif des profits de l'oligarchie dans les banques étrangères, notamment suisses, installées à Panama.

Au Honduras toujours : le 9 avril 1975, *le Monde* publie l'information suivante :

> Toutes les opérations de bourse ont été suspendues le mardi 8 avril à Wall Street sur les actions de la société United-Brands — plus connue sous son ancien nom d'United Fruit — après que celle-ci eut reconnu avoir versé un pot-de-vin de 1 250 000 dollars à de hautes personnalités du Honduras, en échange d'avantages commerciaux.

Pour sa part, la revue *Time* écrit, le 4 avril 1975 :

> Le général Osvaldo Lopez Arellans a touché une partie de cet argent par l'intermédiaire de son compte à numéro en Suisse.

La liste des activités criminelles couvertes par le secret bancaire est pratiquement inépuisable [2]. En voici un dernier exemple.

---

1. *El Panama-America*, 3 septembre 1974, p. 7.
2. Je formule une remarque d'ordre général : la corruption systématique des hommes politiques et cadres administratifs de la périphérie par les sociétés mul-

Le général Thieu, président du Sud-Vietnam jusqu'en avril
1975, et le maréchal Lon-Nol, ex-président de la république du
Cambodge, deux éminents hommes d'État fabriqués par les
États-Unis d'Amérique, témoignaient, en plus de leurs talents
policiers, d'un sens aigu des affaires. Pendant que leurs deux
peuples vivaient une agonie terrifiante, ces deux philanthropes
organisaient avec intelligence leur avenir personnel. Voici les
faits : fin mars, un DC-8 de la compagnie suisse Balair — compagnie qui appartient en fait à la société nationale suisse Swissair —
atterrit à Saigon. L'avion, loué par la Croix-Rouge de la République fédérale allemande, apportait des médicaments, du lait
en poudre, des équipements médicaux. Il devait repartir le lendemain. Or, le matin du départ, le commandant de bord reçut
une visite étonnante : des émissaires du palais présidentiel de
Saigon lui demandèrent si son avion pouvait transporter en
Suisse « quelques biens personnels » de la famille Thieu et deux
ou trois objets appartenant à Lon-Nol. Quels biens? 16 tonnes
d'or, répondirent les émissaires. Étonnement du pilote, télex
en Suisse. Refus. Motif : le DC-8 doit, pour rejoindre l'Europe,
s'arrêter deux fois en cours de route pour faire le plein. Or, les
stop-over ont lieu à Bangkok et à Bahrein. Balair craint une
confiscation de l'or dans l'un ou l'autre de ces aéroports. Le
chargement est « trop visible » : les Suisses ne veulent pas prendre cette responsabilité et risquer des procès ultérieurs. Les
Saigonnais ont alors une autre idée : « Et si l'on découpait les
lingots en fines lames pour les distribuer dans la cale de l'avion
et qu'ils soient recouverts par un autre chargement? » Nouveau
refus des Suisses [1]. Il y a des indices précis qu'aujourd'hui, cet

tinationales du centre est une stratégie constante de l'impérialisme. Nous ne
l'évoquons ici que par rapport au rôle instrumental que joue — dans ce
cadre-là aussi — le secret bancaire helvétique. Pour la stratégie de la
corruption systématique, cf. notamment : *Corruption in India,* ouvrage collectif édité par Suresh Kohli, New Dehli, 1975 ; Béchir Ben Yahmed : « La
corruption », *Jeune Afrique,* n° 751, 30 mai 1975.
  1. *Time,* 12 avril 1975, p. 5.

or, c'est-à-dire les milliards volés aux peuples cambodgien et vietnamien, repose paisiblement dans les sous-sols d'une discrète banque helvétique.

Contre l'exode de capitaux organisé par les classes riches des pays pauvres, ces pays mêmes sont pratiquement désarmés, puisque ce sont généralement leurs propres dirigeants qui opèrent ces transferts. *L'argent est le sang des pauvres*, disait Léon Bloy. Jamais cette évidence n'a été plus vraie que lorsqu'on l'applique à un certain système bancaire qui, avec la plus-value tirée d'hommes affamés, accumule d'incroyables trésors dans les mausolées suisses de la finance internationale.

Juin 1976 : nervosité au palais fédéral. Devant l'aggravation de la crise économique en Europe et dans le monde, plusieurs gouvernements étrangers, partenaires traditionnels de la Suisse (les États-Unis, l'Allemagne, la Suède) exigent des mesures sérieuses contre ceux d'entre leurs citoyens qui fraudent massivement le fisc grâce aux facilités des banques helvétiques. Le gouvernement fédéral élabore une loi. Il la soumet au Parlement. Cette loi prévoit la levée du secret bancaire au détriment de tout fraudeur dont l'escroquerie fiscale aura été établie par un jugement exécutoire d'un tribunal étranger régulièrement constitué. La grande presse bourgeoise, les appareils électoraux de la droite mobilisent. Cris et lamentations ! La souveraineté de la Suisse est bafouée ! Le matin du 21 juin, le Conseil national passe au vote. Les porte-parole socialistes — Richard Muller, Helmut Hubacher — défendent le projet de loi. Puis vient le tour du porte-parole de la majorité bourgeoise, le député de Saint-Gall Rodolphe Schatz. Schatz est banquier, comme il se doit, associé de la Banque Wegelin et Cie de Saint-Gall. Son discours tient de la supplique, de l'incantation, de l'appel : la patrie est en danger ! Qui la menace ? Les enquêteurs étrangers des fiscs étrangers. Est-ce pour en arriver là que des milliers des nôtres sont tombés dans la défense du sol helvétique depuis près de 650 ans ? Non ! Il faut sauver la Suisse, repousser la loi. Schatz se rassied. Alors le miracle s'accomplit. Le ministre fédéral des Finances, Georges-André Chevallaz, se lève. Il dit : « Schatz a raison, ma loi est inadmissible, le paragraphe litigieux sera éliminé » (et le secret bancaire maintenu). Ainsi fut fait : lors de l'appel nominal, 74 députés votèrent contre, 91 pour le maintien rigoureux du secret bancaire. Les fraudeurs de tous pays, même ceux qui auront été condamnés dans leurs États d'origine, pourront continuer à escroquer leurs fiscs. S'ils vont en prison chez eux, ils retrouveront à la sortie leur magot en Suisse.

c. Le secret bancaire

L'admirable institution helvétique qui autorise toutes ces opérations fructueuses — transferts illégaux, fraude fiscale, financement compliqué de complexes trafics d'armes, de drogue, spéculation sur les denrées alimentaires, manipulations monétaires internationales, recel et j'en passe — s'appelle le *secret bancaire*. Sa base légale : l'article 47 de la « loi fédérale sur les banques et les caisses d'épargne ». Voici l'énoncé de cet article :

> Celui qui, en sa qualité de membre d'un organe, d'employé mandataire, de liquidateur ou de commissaire de la banque, d'observateur de la commission des Banques, ou encore de membre d'un organe ou d'employé d'une institution de révision agréée, aura révélé un secret à lui confié ou dont il avait eu connaissance à raison de sa charge ou de son emploi, celui qui aura incité autrui à violer le secret professionnel, sera puni de l'emprisonnement pour six mois au plus ou de l'amende jusqu'à concurrence de 50 000 francs.
> Si le délinquant a agi par négligence, la peine sera l'amende jusqu'à concurrence de 30 000 francs.
> La violation du secret demeure punissable alors même que la charge ou l'emploi a pris fin ou que le détenteur du secret n'exerce plus sa profession.
> Sont réservées les dispositions de la législation fédérale et

cantonale statuant sur l'obligation de renseigner l'autorité
et de témoigner en justice[1].

La liste des auteurs d'indiscrétions potentiels est longue :

— Les membres d'un organe (conseil d'administration ou
comité de direction) et banquiers privés, associés d'une société
en nom collectif ou en commandite;
— Les mandataires; par ce terme général, il faut comprendre
toutes les personnes à qui la banque, dans le cadre de son
activité commerciale, a confié un mandat; le législateur a voulu
notamment englober les centres de calcul qui sont chargés par
les banques du traitement électronique des informations;
— Les liquidateurs en cas de faillite de la banque, de même
que les commissaires lorsqu'un concordat est accordé;
— Les experts délégués par la commission des Banques en
qualité d'observateurs auprès des banques dont les créanciers
risquent d'être sérieusement lésés par des irrégularités graves;
— Les employés d'une institution de révision agréée, de même
que les membres d'un organe d'une telle institution[2].

Le maniement de l'argent a, en Suisse, un caractère quasi
sacramentel. Garder l'argent, l'accueillir, le compter, thésau-
riser, spéculer, receler, sont des activités qui, depuis le temps du
premier refuge[3], sont investies d'une majesté quasi ontologique.
Aucune parole ne doit venir souiller une activité aussi noble.
Elle s'accomplit dans le recueillement, dans le silence[4]. Quiconque commet le péché de trop parler la désacralise. Un tel
sacrilège est puni par la loi.

Ce silence et ce recueillement ont, dans la théorie calviniste

1. « Loi fédérale sur les banques et caisses d'épargne de 1934 », art. 47. Commentaire de l'article et analyse périodiquement mise à jour de la jurisprudence par
Maurice Aubert, in *Fiches juridiques*, Genève.
2. Fiche juridique Aubert.
3. Repli de la bourgeoisie fortunée française et italienne de confession protestante sur Genève, après la réforme (premier refuge) et après la révocation de l'édit
de Nantes en 1685 (deuxième refuge).
4. L'architecture des banques helvétiques traduit admirablement le caractère
sacré de l'activité bancaire : temples somptueux à colonnades de marbre pour les
grandes banques d'affaires, petites chapelles discrètes à boiseries sombres pour
les banques privées et gérants de fortune.

de la thésaurisation sacrée, un corollaire. Le banquier genevois (bâlois, zürichois, ou bâlois au Panama) assume sa fonction de gardien intransigeant de la morale : face à ce monde de méchants, de mécréants, son silence protège la vertu. Seul l'honnête homme profite du secret bancaire. Le secret est la récompense de son honnêteté. Dépositaire et gardien vigilant de la morale chrétienne, le banquier genevois n'accepte en principe comme débiteur ou créancier qu'un homme dont la vertu lui est connue ; en principe, il ne fait d'opérations qu'à l'intérieur du champ défini par les préceptes de l'Église et la loi des États[1].

Malheureusement pour lui, sa praxis quotidienne dément cruellement cette affirmation. Cet échec a d'abord une cause théorique. La doctrine calviniste de la thésaurisation comme valeur en soi implique la reconnaissance de l'existence sous-humaine et de l'exploitation de millions d'êtres, à la périphérie, sinon comme une valeur, du moins comme une inéluctable nécessité historique. Une telle contradiction annule à l'évidence l'enseignement égalitaire de l'Évangile, la foi et ses commandements que le banquier prétend servir par l'institution du secret. L'échec a, en deuxième lieu, une cause pratique : c'est précisément le secret qui incite le banquier à faire le contraire de ce qu'il prétend faire[2].

d. La pratique judiciaire

Comment ouvre-t-on un compte bancaire en Suisse? Ou, inversement, comment fait-on saisir un compte? Le client étran-

---

1. A. Biéler, *La Pensée économique et sociale de Calvin*, Éd. Georg, Genève, 1959. G. Busino, « *Intorno al pensiero economico e sociale di Calvino* », in *Revista storica svizzera*, n° 10, 1960.

2. Cri du cœur du ministre des Finances Georges-André Chevallaz, lors du débat parlementaire sur le recel des fonds éthiopiens (décembre 1975) : « Mais comment voulez-vous donc qu'un banquier suisse interroge un chef d'État en exercice sur la légalité de l'acquisition de ses capitaux? » Le dilemme est réel! Face à un client important, pratiquement aucun banquier ne prendra le risque d'un tel examen (que la loi, pourtant, lui impose!).

ger qui dépose de l'argent dans une des quatre mille et quelques banques de Suisse doit présenter une pièce d'identité et indiquer une adresse pour sa correspondance avec la banque. L'identité peut être fictive [1], l'adresse se résumer à un numéro de boîte postale aux îles Bahamas. Il existe un certain nombre d'obligations juridiques qui font que le banquier doit, dans le cas de poursuite pénale de son client, prêter assistance aux magistrats de l'ordre judiciaire. Ces obligations restent le plus souvent théoriques. Il est presque impossible à un quelconque plaignant, soit gouvernement étranger, soit particulier, de retrouver ou à plus forte raison de se faire restituer par une banque helvétique l'argent qui lui a été volé par un tiers. Pour opérer un séquestre sur un compte en banque, le plaignant doit indiquer généralement dans sa demande le nom du détenteur du compte, son identité, le numéro du compte et le siège de la banque, plus le montant approximatif de la somme qui y est déposée : il est rare qu'un plaignant puisse disposer de tous ces renseignements à la fois, et, s'il en disposait, sa demande de séquestre n'aboutirait probablement pas. La procédure — même d'urgence — est en effet publique et il suffit alors d'un coup de téléphone à la banque, de la part du détenteur du compte ou de son agent sur place, pour faire changer son numéro ou opérer un transfert direct.

Ouvrons ici une parenthèse : je veux dire ici avec force qu'à mon avis, aucune responsabilité n'incombe à ces jeunes juges d'instruction et procureurs qui souvent, avec une énergie et une patience admirables, poursuivent les gangsters internationaux et leurs receleurs à Genève ou Zürich. Mais les moyens judiciaires efficaces leur manquent. Exemple : Julio Munoz, brasseur d'affaires international lié au clan de l'ex-tyran de la République dominicaine Trujillo, s'est transmué, au début des années soixante, comme tant d'autres avant lui, en « hon-

---

1. Le client potentiel doit — selon la coutume — se « légitimer », c'est-à-dire montrer au banquier une pièce d'identité; cette pièce n'est cependant soumise à aucun contrôle officiel.

nête » banquier helvétique. Il acheta à Saint-Gall la Banque suisse d'épargne et de crédit; il fonda à Genève la Banque genevoise de commerce et de crédit. Au début de 1973, Munoz connaît quelques difficultés avec ses clients internationaux. Il décide de changer de pays, non sans avoir évacué au préalable son butin. Faillite frauduleuse de la seconde banque. Inculpations à Genève et à Zürich. Munoz est arrêté à Zürich mais remis en liberté contre une caution de 1 million de francs suisses ; puis il disparaît. On le signale en Espagne. Bien entendu, Munoz ne répond jamais aux convocations du juge genevois. Au demeurant, le temps fait son œuvre et, en avril 1975, ses escroqueries sont couvertes par la prescription. Interpellation au parlement genevois, à laquelle le gouvernement répond avec une candeur touchante : « Les autorités judiciaires genevoises sont compétentes en l'affaire, mais l'écheveau de tout cela est si embrouillé pour démêler ce qui est pénal de ce qui est civil, qu'il aurait fallu affecter à cette procédure un juge d'instruction et un substitut du procureur général travaillant à plein temps pendant une année entière, uniquement pour cette seule affaire, ce qui n'était évidemment pas possible [1]. » Munoz, riche, libre et heureux, peut continuer d'exercer sous d'autres cieux son noble métier.

D'interminables procès sont en cours depuis des décennies au palais de justice de Genève : le gouvernement de la république de Saint-Domingue essaie de récupérer les réserves en devises et en or que les fils de l'ancien dictateur Trujillo ont « transférées » à Genève. Les sommes en question s'élèvent à plus de 500 millions de dollars. La justice genevoise les cherche en vain depuis 1965.

Des familles juives, par centaines, essaient de récupérer quelques-unes des énormes sommes déposées dans des banques helvétiques par des entreprises, des communautés et des particu-

---

1. Réponse du conseil d'État de Genève à l'interpellation de **Jean Vincent,** **avril** 1975, transcription *Journal de Genève.*

liers juifs au moment de la montée du national-socialisme. Les banques qui avaient ces fonds en dépôt ont finalement été invitées par la Confédération à déclarer *volontairement* — admirable vertu calviniste — les fonds « sans créanciers connus ». Les banques ont eu ainsi le choix entre... garder les fonds ou bien les déclarer — la Confédération n'ayant aucun moyen de faire respecter sa loi de restitution [1] !

Examinons une dernière affaire : elle oppose le gouvernement algérien à la Banque commerciale arabe SA de Genève. Le gouvernement algérien veut récupérer le « trésor du FLN », s'élevant à 50 millions de francs suisses [2] (plus les intérêts depuis 1962) déposé à la Banque commerciale arabe SA de Genève par le trésorier du FLN, Khidder, au début des années soixante. En avril 1964, c'est la dissolution, par Ben Bella, du Bureau politique. Aït Hocine remplace Khidder; nanti d'un ordre de Ben Bella, il se rend à Genève pour tenter de retirer les fonds du FLN. Peine perdue : Mardam, administrateur de la Banque, refuse de reconnaître à Hocine le droit de retirer les fonds dont seul Khidder, à ses yeux, est responsable. Juin 1964 : Ben Bella dépose une plainte pour abus de confiance auprès des tribunaux genevois. L'instruction est classée après enquête. Au demeurant, Ben Bella est évincé du pouvoir le 19 juin 1965. Entre-temps, toutefois, l'instruction a permis d'établir que les fonds ont bien été déposés à la banque en question et que, quelques jours avant la venue en Suisse de Hocine, 10 millions de francs ont été versés par la banque à Khidder. Celui-ci les a transférés, via une banque suisse, en RFA. Le solde est réparti entre plusieurs comptes à numéro. L'instruction constate également que les dossiers de ces comptes ont disparu ! Le banquier Mardam refuse de don-

---

1. Un arrêté fédéral de septembre 1974 clôt le dossier des avoirs étrangers datant de la Seconde Guerre mondiale. Deux millions de francs (sur les centaines de millions déposés) étaient à distribuer ! Les œuvres juives, la Croix-Rouge et l'Office d'aide aux réfugiés se partagèrent la somme.
2. Ce trésor provient des cotisations des travailleurs algériens en France entre 1954 et 1962.

ner des précisions. Il est arrêté et inculpé pour opposition aux
actes d'autorité, puis relâché. La procédure suit son cours. Khidder
est assassiné par deux inconnus à Madrid en 1967. Le 2 février
1971, suite à une nouvelle plainte civile déposée conjointement
par le FLN et le gouvernement algérien en 1966, le tribunal de
première instance de Genève condamne le banquier au paiement
de quelque 40 millions de francs. Le 15 juin 1973, la cour de
justice civile de Genève confirme le jugement. Jugeant en dernière
instance, le tribunal fédéral de Lausanne est saisi de l'affaire [1].

Les banques suisses et étrangères en Suisse attendaient ce
jugement avec anxiété. Il devait créer jurisprudence. Le banquier
genevois — plus précisément, le banquier syrien transmué comme
tant d'autres en banquier genevois — n'aurait-il pas dû ou pu
savoir qu'un gouvernement indépendant dirigeait l'Algérie
depuis 1962 et que Mohammed Khidder, de trésorier d'une
organisation clandestine qu'il avait été jusqu'en mars 1962,
était devenu, en 1964, un simple exilé politique, cessant par
conséquent de représenter l'État algérien? Non, dit le rappor-
teur de la cour. « Le contrat bancaire passé à l'ouverture du
compte ne fait mention d'aucune représentation. Khidder y
apparaît comme titulaire et unique personne habilitée à disposer
des fonds. Dès lors, pour la banque, le FLN n'existait pas. On
ne pouvait donc rien lui reprocher [2]. » Et le chroniqueur judiciaire ajoute sans la moindre touche d'ironie : « Ce jugement,
le tribunal fédéral l'a rendu à l'unanimité et dans des termes
catégoriques. En plaidant, les avocats n'avaient pas manqué
d'évoquer les aspects politiques et moraux de cette affaire. Notre
cour s'en est tenue au droit. En toute indépendance [3]. »

Conclusion : la Banque commerciale arabe SA n'avait pas à se
préoccuper de la provenance des fonds. Elle ne devait connaître
que Khidder. Le véritable propriétaire réclame la restitution

1. Le tribunal fédéral de Lausanne est la cour suprême du pays.
2. *La Suisse*, 2 juillet 1974.
3. *Ibid.*

de l'argent? Le tribunal fédéral ne le reconnaît pas. Où est l'argent? Le tribunal fédéral ne veut pas le savoir. Qui encaisse les 50 millions représentant les cotisations des ouvriers algériens en France? La Banque commerciale arabe SA. Que devient la plus élémentaire justice dans cette affaire? Secret bancaire [1].

Pour justifier son activité de receleur, l'oligarchie suisse invoque plusieurs arguments. Le premier, logiquement irréfutable, me fut présenté en 1974 par un banquier bâlois à Panama. Pour lui, le capital en fuite n'existait tout simplement pas! La Suisse vit sous le régime de la libre convertibilité des monnaies. Ses banques n'ont pas à se préoccuper des législations nationales qui interdisent l'exportation des capitaux autochtones. Concrètement : la banque suisse n'a pas à se substituer à l'État de Panama. Elle ne peut examiner sous l'angle des législations nationales étrangères la provenance des capitaux qui affluent dans ses succursales d'Amérique centrale.

Le second argument, moins subtil, je l'ai entendu au cours du même voyage, répété inlassablement par des agents de moindre envergure, mais au réalisme bancaire non moins affirmé : le Pérou socialise les grandes propriétés terriennes et brise les monopoles industriels? Le Honduras tente d'introduire le premier système d'impôt sur le revenu de son histoire? Il n'est que trop normal que les banques suisses ou leurs agents sur le terrain fassent tout ce qui est en leur pouvoir pour aider les capitalistes honduriens et péruviens « menacés » à évacuer leur argent!

Troisième argument : le capital en fuite serait nécessaire pour financer la production nationale suisse en Suisse. Or, les chiffres

---

1. Dans la première édition de ce livre (Paris, mars 1976), une erreur involontaire m'avait fait dire que la famille Khidder avait encaissé les 50 millions du « trésor du FLN ». Il n'en est rien. Ayant remis dès 1969 à l'Algérie tous les documents qu'elle détenait à leur sujet, puis ceux qu'elle a pu récupérer, elle continue au contraire, bien que cruellement frappée par la mort tragique de l'ancien secrétaire général du FLN, à tout faire pour que l'Algérie rentre dans ses droits et pour que l'entière vérité soit révélée sur cette affaire.

indiquent le contraire[1] : le total des bilans de toutes les banques en Suisse, excepté les sociétés financières, s'élevait en décembre 1973 à environ 269 milliards de francs suisses. Les banques étrangères y figuraient pour 29,9 milliards, soit 11,1 %. De cette somme, 23,8 milliards, soit 8,8 %, revenaient aux banques en mains étrangères et 6,1 milliards, soit 2,3 %, aux succursales d'établissements étrangers. La quote-part des cinq grandes banques suisses représentait 45,1 %, soit 121,2 milliards. Le solde de 43,8 % équivalant à 117,9 milliards était réparti entre les 418 autres établissements, dont environ 38 % pour les banques cantonales, régionales, communales. L'analyse des chiffres se rapportant à l'investissement industriel, immobilier, etc., en Suisse d'une part, à l'argent fiduciaire (c'est-à-dire servant à des opérations autres que le financement de la production et des services en Suisse) de l'autre, indique que les besoins courants de l'économie nationale sont couverts pour l'essentiel par l'épargne nationale déposée surtout dans les banques publiques, caisses d'épargne, banques cantonales, caisses hypothécaires, etc. La politique des grandes banques d'affaires et celle, non moins active, de la majorité des banques étrangères, est tout autre : non seulement elles gèrent le capital en fuite, mais elles sont créancières d'immenses sommes investies à l'étranger.

En conclusion, le système de l'impérialisme bancaire helvétique est essentiellement parasitaire. L'épargne nationale suffit pour financer l'expansion économique nationale. Le capital en fuite, lui, sert non pas à la prospérité du peuple suisse, mais au financement des entreprises les plus aventureuses (voir chapitre suivant) et les plus lucratives d'une mince oligarchie. En d'autres termes : la destruction du système impérialiste secondaire créé par les Seigneurs helvétiques de la banque non seulement n'affecterait pas sensiblement l'économie suisse, mais — nous le verrons

---

1. Chiffres du bulletin de l'Association des banques étrangères en Suisse, rapport 1973, paru en juin 1974.

> L'oligarchie bancaire ne nie pas qu'elle investit une partie du capital en fuite dans les circuits lucratifs d'Europe et d'Amérique. Une autre partie de ce capital reviendrait, selon elle, sous forme d'aide aux économies de la périphérie.
>
> Qu'en est-il en réalité ? Kappeler répond en substance :
>
> Dans un pays en voie de développement, la monnaie n'a pas la valeur d'échange qui lui permettrait de s'aligner monétairement sur les pays industrialisés. Le remboursement d'un crédit implique donc, pour le pays pauvre, l'obligation de payer au plus vite, en monnaie étrangère, les intérêts du prêt dont le dernier s'ajoute au paiement total de la dette, le jour de l'échéance venu. Aux conditions de l'emprunt s'ajoute une *capacité d'amortissement* dont les pays prêteurs tiennent compte dans leur décision de prêt. Les crédits ne sont accordés qu'avec des restrictions :
>
> — Pays créanciers et organisations multinationales se réservent le droit d'étudier l'utilité des crédits, généralement destinés à des projets déterminés. Les pays débiteurs n'ont que rarement les mains libres quant à l'emploi des fonds consentis.
>
> — Les délais de crédit sont généralement trop courts ; l'heure de l'échéance sonnant toujours trop tôt, le moment fatal intervenant avant l'obtention de résultats concrets. D'où la demande (forcée) d'une reconduction du crédit et le danger d'une dette alourdie [1].

au chapitre des conclusions — rendrait une partie de leurs chances de vie à des dizaines de millions d'hommes, de femmes et d'enfants de l'aire tricontinentale.

e. Le réinvestissement du butin

Que devient le capital en fuite déposé en Suisse ? Il devient compte de dépôt numéroté en francs suisses ou il se transforme en « comptes fiduciaires ». Ce sont des comptes en monnaies étrangères détenus par une banque suisse et qui servent à financer des opérations étrangères. L'argent en fuite

— Des projets à long terme, de l'argent consacré à des tâches nécessaires mais improductives, n'obtiennent ainsi que difficilement cette « aide au développement ». Hanselmann, directeur général de l'Union de banque suisse, n'en fait pas mystère : « Accorder un crédit s'assortit d'une condition : la consécration des fonds à des investissements de rapport et pouvant assurer un autofinancement dans un temps donné[2]. »

Un simple calcul suffit à expliquer ce mécanisme *qui fait d'un débiteur un débiteur plus grand encore*[3]. Prenons par exemple un crédit annuel de 100 millions et intérêts à 8 %[4]. Au bout de 13 ans, les intérêts se mettent à dépasser le crédit annuel. Les premiers remboursements arrivent probablement à échéance. Le pays en voie de développement devrait donc, dans ce bref délai, avoir mis sur pied une industrie d'exportation capable de gagner de grandes quantités de devises, autrement il s'endettera de plus en plus (Kappeler, *op. cit.*).

1. W. Guth, *Der Kapitalexport*, Bâle, Éd. Kylos, 1957, 167 p. VIII.
2. *NZZ*, 28 avril 1972.
3. « Problèmes de la dette des pays en voie de développement », CNUCED, TD/118/Suppl. 6/Rev. I, 1972, p. 32-33.
4. Cf. H. Bachmann, *The External Relations of Less-Developped Countries*, Praeger, New York, 1968, p. 7 (tables avec paiement des intérêts et dividendes en admettant un reflux annuel de 15 %).

transite donc — théoriquement — par la Suisse et est réinvesti à l'étranger où il sert en partie à financer l'expansion des sociétés multinationales ayant leur quartier général en Suisse. Pratiquement, il devient tout ce qu'on veut. Il serait en effet difficile d'imaginer une activité humaine qui ne soit pas financée par l'une ou l'autre des grandes banques, banques moyennes, officines ou agences financières de Genève, Zürich, Bâle ou Lugano. Des marchands de drogue sont-ils condamnés en Amérique ? Leurs comptes bancaires suisses sont mentionnés dans le dossier. Le trafic d'armes pour le Moyen-Orient et l'Asie ? L'argent transite par Genève. De « grandes » familles de France y font entasser de l'or, à leur compte, dans les sous-sols de la rue de

la Corraterie. Cheiks du Golfe persique et colonels guaté-
maltèques rachètent des immeubles à Lausanne, Zürich et Genève,
et se livrent, grâce à leurs capitaux flottants et à l'active complicité de certaines régies immobilières locales, à une spéculation
immobilière effrénée, pour le plus grand plaisir du salarié suisse
qui doit ensuite payer ces loyers effarants [1]. Ajoutez à cela toute
la gamme des investissements boursiers internationaux, des
emprunts, des financements commerciaux et des spéculations sur
les devises, les denrées alimentaires. Le capital en fuite sert également à des opérations compliquées mais fructueuses baptisées
forward-buying : une quantité de monnaie étrangère est achetée
à terme. Il n'est pas rare que des capitalistes d'un pays donné
opèrent — grâce aux comptes fiduciaires — un *forward-buying*
sur la monnaie d'un pays concurrent, provoquant ainsi l'affai-
blissement de la devise de leur pays d'origine...

J'aime à me promener le matin le long des façades lisses des
banques genevoises, rue de la Corraterie ou rue Petitot. Les
limousines arrivent vers onze heures. Des Roll-Royce, des
Cadillac — immatriculations portugaises, espagnoles, libanaises,
grecques ou plus simplement vaudoises, marquées d'un Z (étranger). Les milliardaires apatrides en descendent, disparaissent derrière les somptueux portails. Le concierge de la banque s'incline
avec respect. Le milliardaire monte directement au premier étage,
là où l'attend son partenaire helvétique. Ensemble ils accomplis-
sent le travail du jour : ils étudient les cours de la Bourse, plani-
fient leur nouveau coup — une spéculation massive contre le
franc français, la liquidation d'une société industrielle menacée
par une implantation syndicale trop solide, l'étranglement financier d'un concurrent, le financement d'un intéressant trafic
d'armes, une opération sur les grains pour lesquels un pays
affamé est maintenant prêt à payer le prix fort.

---

1. Pour connaître les circuits monétaires alimentés à partir des banques suisses
par le capital en fuite, voir les annexes I et II du présent chapitre.

Il arrive que les « hyènes » (Brecht) se trompent, qu'elles perdent une partie de leur butin. Exemple : le *New York Times* du 3 septembre 1974 note que le chef (de nationalité suisse) du département de change de la succursale de Lugano de la Lloyds Bank International a été mis à la porte après avoir fait perdre à la banque la bagatelle de 75 millions de dollars ! Mais ce sont là de très rares exceptions. Les « hyènes » gagnent presque toujours. Ceux qui perdent, ce sont les peuples et les Etats.

> *Celui qui traîne la voiture,*
> *Dis-lui que bientôt il mourra.*
> *Dis-lui celui qui vivra :*
> *Celui qui est dans la voiture* [1].

En fait, l'activité spéculative du capital en fuite est le plus souvent médiatisée par les banquiers locaux : elle prend ainsi le masque d'une respectabilité bon enfant. Voici quelques exemples :

En 1975, la Confédération helvétique a dû signer, malgré la résistance des banquiers, un accord d'entraide judiciaire avec les États-Unis [2]. Selon le département de la Justice fédérale de Washington, la maffia américaine avait tendance à transférer son butin en Suisse et à le réinvestir le plus légalement du monde, grâce aux sociétés fictives et aux comptes numérotés, dans le stock-exchange de New York. Le commerce international de la drogue avait lui aussi bénéficié, selon les négociateurs américains, des services discrets de certains banquiers suisses [3].

---

1. B. Brecht, *Poèmes*, Paris, L'Arche, vol. 7, 1967.
2. L'accord n'empêche pas des banques suisses de résister à la justice américaine; cf. le refus du *Crédit suisse* de se soumettre au jugement de la *Security and Exchange Commission* (SEC) qui demande la levée du secret bancaire à propos de certains comptes à numéros impliqués dans les spéculations douteuses. Cf. *Weltwoche*, 17.12.75.
3. La maffia américaine a créé — pour désigner les fonds d'origine criminelle qu'elle fait transiter par des banques suisses pour ensuite les investir le plus légalement du monde dans des entreprises américaines — un mot nouveau : « *Laundering* » (« laver », « blanchir » l'argent). Le terme est aujourd'hui d'usage courant dans le milieu bancaire.

Voltaire disait : « Si vous voyez un banquier suisse sauter d'une fenêtre, sautez derrière lui. Il y a sûrement de l'argent à gagner! » Un banquier privé helvétique sert à tout faire, ses talents sont pratiquement inépuisables et leur description remplirait à elle seule un livre entier [1].

L'organisation bancaire helvétique joue le rôle indispensable de receleur pour le système impérialiste mondial. Mais le secret bancaire n'est qu'un aspect des mécanismes qui lui permettent d'assumer ce rôle. Il faut en mentionner deux autres : les arrangements fiscaux et les rouages du contrôle public sur les banques.

Quand un milliardaire cosmopolite veut se fixer en Suisse, il profite d'avantages fiscaux exceptionnels. Un homme vivant de son capital n'a pas d'activité lucrative selon la loi helvétique; il est donc imposé sur la base des « signes extérieurs » de sa richesse. S'il exerce néanmoins des activités lucratives, s'il continue à « travailler » à partir du territoire helvétique, il peut faire appel à une autre de ces institutions admirables inventées par la Suisse : l'« arrangement fiscal ». Il s'agit d'un contrat passé entre le capitaliste étranger et l'autorité fiscale. Ce contrat détermine une somme fixe que le capitaliste versera au fisc tous les ans, échappant ainsi à l'imposition sur les revenus selon la loi. Les milliardaires étrangers fuyant le fisc ont comme les oiseaux migra-

---

1. J'ai connu et admiré Mehdi Ben Barka, maître à penser, ami et conseiller discret et intelligent de tant de militants qui venaient l'écouter dans sa retraite de Chambésy (Genève). Or, pour d'obscures raisons, Hassan et Oufkir avaient fait appel, pour détruire Ben Barka, aux gangsters du milieu lyonnais. Ce milieu gagnait des sommes fabuleuses. Jacques Dérogy, journaliste à *l'Express*, a suivi la trace de ces gangsters, notamment celle de Chavel, Blanchon et Nesmoz, ainsi que de leur banquier. Il écrit dans *l'Express* du 10 juin 1974 : « La disparition de Johnny Chavel, de Villefranche, devait relancer l'enquête sur les finances du milieu. Après avoir acheté deux commerces en sous-main, il a investi près d'un million dans l'acquisition d'un château, par le biais d'une société étrangère, le château de Fléchères à Fareins (Ain). Olivier Artaud de la Ferrière cherchait des capitaux pour transformer son domaine en centre de loisirs. En juin 1972, il passe un compromis de vente avec une société anonyme suisse, par l'entremise d'une régie de Bourg-en-Bresse. L'unique actionnaire est un banquier de Genève, M. Jacques Darier, mais le véritable financier n'est autre que Chavel... » J. Dérogy, « Les cadavres parlent », *l'Express*, 10 juin 1974, p. 86-87.

teurs des lieux privilégiés où se fixer. Ils se réfugient autour des
lacs : lac Léman, lac de Lugano, lac de Zürich, lac Majeur.
Parmi les plus illustres : Charlie Chaplin, Sophia Loren, Audrey
Hepburn, Jack Palance, Mel Ferrer, Rex Harrison, Nana Mous-
kouri, Petula Clark, Steve McQueen, Georges Simenon, Jean-
Claude Killy, Gunter Sachs. Ces oiseaux-là nichent sur les rives
du lac Léman. Charles Aznavour, Gilbert Bécaud, le prince
Napoléon aiment l'altitude. Leurs nids : Crans-Montana, Pre-
gny. D'autres encore, comme le baron Thyssen, Hans Habe ou
l'ex-roi Michel de Roumanie, traînent leur misère du côté du
lac Majeur [1].

Pour comprendre le mécanisme de cette variante très particulière de la fraude fiscale internationale qu'est l'arrangement
fiscal, examinons de plus près deux exemples parmi des milliers.
L'un concerne un capitaliste européen, l'autre un philanthrope
du Tiers Monde. Premier exemple : en 1969, le financier allemand Helmut Horten vendit 75 % des actions de sa Warenhaus
AG, le second empire de magasins à grande surface d'Europe.
L'acheteur, un groupe de banques européennes, lui versa la
modeste somme de 875 millions de deutschmarks. Là-dessus,
Horten ne paya pas un sou d'impôts! Car Horten déménagea en
Suisse. Désormais, il jouissait de la protection de la convention
germano-helvétique de double-imposition de 1931. Sans ce démé-
nagement, Horten aurait dû verser au fisc allemand environ
250 millions de DM. Un homme de cœur conseilla le milliardaire
« en fuite » : Brenno Galli, avocat à Lugano, conseiller national,
président de la Banque nationale suisse, ami personnel et ancien
associé du ministre fédéral de l'époque, Nello Celio. Bref : grâce
à Galli, Horten put se fixer au Tessin. Or, la législation tessinoise
ne lève pas d'impôts sur un revenu réalisé hors des frontières de
la Suisse. Tout le monde fut content — sauf le journal *der Spiegel* et le fisc allemand. L'opinion publique s'alarma. Même la

1. La dernière enquête exhaustive date de 1972, cf. *Nationalzeitung*, Bâle,
21 avril 1972.

grande presse helvétique, si parfaitement soumise aux intérêts
supérieurs du capital, publia quelques articles discrètement inter-
rogatifs. Brenno Galli dut renoncer (1971) à une nouvelle candi-
dature au Conseil national, mais Helmut Horten — heureux,
riche et tranquille — continue de jouir de ces millions dans sa
somptueuse propriété au-dessus du Lago Maggiore.

Autre exemple : avant 1952, la famille Patino régnait sur les
mines d'étain de l'Altiplano de Bolivie. Le taux des salaires y était
très bas et la Bolivie avait la mortalité infantile la plus élevée du
continent. La famille Patino amassa une fortune. Une insurrec-
tion populaire la chassa de Bolivie en 1952. Elle est installée
aujourd'hui dans un paisible village près de Genève : Vandœuvres. Son argent se trouve dans les banques genevoises. Le canton
de Genève, d'accord avec la commune de Vandœuvres, lui a
accordé un « arrangement fiscal » en échange de quelques bienfaits pour la communauté locale (la famille Patino a dû financer
la construction d'une salle de spectacles à la cité universitaire et
d'une maison d'accueil pour étudiants latino-américains à
Genève) [1].

Le mécanisme de contrôle fiduciaire des banques repose théoriquement sur une législation destinée à veiller sur leurs agissements, mais ce système fonctionne de façon très particulière : les
banques, de par la loi, sont soumises à des contrôles (révisions)
par des institutions qui devraient être indépendantes de la direction des banques en cause. Or, les organes de révision des
trois plus grandes banques suisses (SBS, Crédit suisse, UBS)
n'ont aucune indépendance financière. L'un d'eux est dominé
conjointement par les deux premières, et le second l'est par la
troisième! Un député a demandé un jour au Conseil fédéral de
remédier à cette situation. Son argument : un établissement privé
de révision n'est pas à même de s'acquitter de son mandat en

---

1. Pour une analyse comparative entre les bienfaits concédés par la Suisse aux
fraudeurs du fisc avec ce qu'accordent d'autres paradis fiscaux, cf. A. Vernay, *Les
Paradis fiscaux*, Éd. du Seuil.

toute indépendance; le contrôle devrait être effectué par un organe de droit public, qui, de surcroît, pourrait être également chargé d'exercer une surveillance sur la politique commerciale des grandes banques. A tout le moins conviendrait-il de faire contrôler les contrôleurs privés par un organisme public. Le gouvernement fédéral, fidèle à sa politique — ne jamais rien entreprendre qui puisse gêner sérieusement l'un ou l'autre des empires bancaires — refusa d'intervenir. Les contrôlés continueront donc à contrôler les contrôleurs [1].

ANNEXE

> Deux types de circuits monétaires accueillent en priorité le capital en fuite : ce sont les Euromarchés et les circuits de financement multinational des industries suisse, française, etc., dans l'aire tricontinentale. Kappeler traite ici successivement de ces deux types de circuits. J.Z.

I. LES EUROMARCHÉS

En Europe s'accumulent des sommes en dollars qui font la navette entre les banques et les grandes firmes du monde entier. Les chiffres dont on parle — 150 à 200 milliards de dollars [2] — proviennent des découverts américains ; ils proviennent aussi des fortunes des producteurs de pétrole, des caves des banques d'émission et des capitaux en fuite du Tiers Monde [3]. Selon la CNUCED, le Tiers Monde, en 1967, participait pour un cinquième à cet entasse-

1. Postulat du CN Helmut Hubacher, 21.3.1973.
2. Selon l'estimation de la *commission pour les questions de conjoncture.* Comp. avec le supplément du rapport mensuel de la Banque nationale Suisse, n° 7/1972. Communications de F.W. Schulthess à l'assemblée générale du Crédit suisse, 1972.
3. Les investissements des firmes américaines ont rapporté en 1970, en Asie (sans les pays du pétrole) 16,8%, en Afrique 24,3 %, en Europe 9,5 %. Cf. *Financial Times* du 17 décembre 1971, « US investment rises ». Si les firmes suisses étaient tenues, comme les maisons américaines, de fournir des renseignements, on aurait des résultats à peu près semblables.

ment de dollars en Europe. De 1946 à 1962, ce sont 5 milliards de dollars que les couches sociales supérieures de l'Amérique latine auraient transférés à l'étranger, soit 30 % de tous les capitaux en fuite, ou cinq fois l'aide officielle obtenue par l'Amérique latine pendant cette période [1]. D'autres spécialistes estimaient les capitaux en fuite provenant d'Afrique et d'Amérique latine à 1 milliard de dollars annuels au début des années 60 [2]. La participation des grandes banques suisses à ce trafic devait être importante. En 1971, une déclaration du directeur général Lutz (Crédit suisse) indiquait que, sur le marché de l'euro-dollar, environ un tiers à un quart des sommes étaient manipulées par les banques helvétiques.

Pour notre part, nous estimons à 12 milliards de francs les sommes en provenance des pays en voie de développement, soit 1/5 des 60 milliards de francs qui constituent *l'apport* de la Suisse au marché de l'eurodollar. Mais ce chiffre pourrait bien représenter une sous-estimation. La Suisse compte des taux d'intérêts considérablement inférieurs à ceux pratiqués sur le marché de l'eurodollar. Les banques suisses ne paient pour les capitaux de fuite du Tiers Monde que peu d'intérêts (à certaines époques, aucun). Grâce à cette différence des taux d'intérêts, elles gagnent ainsi beaucoup d'argent. De plus, dans de nombreux cas les banques prêtent à de grandes firmes européennes ou américaines les avoirs sortis du Tiers Monde. Les prêts sont à court ou à moyen terme. Ils prennent diverses formes, dont celle de prêts directs consentis par des particuliers à de grandes firmes par le seul intermédiaire des banques. Ils portent le nom de « *Notes* », « *Private placements* » ou « *Certificates of deposit* » et s'élèvent en général à des montants compris entre 50 000 et 100 000 francs. C'est ainsi qu'en 1971, les banques suisses obligèrent de grandes entreprises étrangères pour un montant supérieur à 6 milliards de francs.

Ces formes de prêts s'apparentent déjà au marché européen des obligations que les grandes banques helvétiques ont davantage encore marqué de leur sceau. L'Euromarché des obligations diffère de l'habituel Euromarché du dollar par la durée des prêts. Selon la CNUCED, la participation des capitaux en fuite à l'Euromarché des obligations se montait à 80 % pour 1969. Quant aux capitaux

---

1. *The Flow of Financial Resources, Outflow of Financial Resources from Developing Countries*, CNUCED, Genève, TD/B/C/3, p. 13-14.
2. Fred Hirsch, *Money International*, Pelican Books, 1969, p. 244.

confiés aux grandes banques suisses, ils pourraient bien constituer, en 1971, la moitié à peu près du volume du marché de 3,6 milliards de dollars[1]. Mais en 1972, ce même volume passait à 5,6 milliards de dollars[2]. Dans la mesure où leur part de ces capitaux en fuite est proportionnelle au rapport total, les grandes banques suisses disposent ainsi chaque année, sur le marché européen des obligations, de 1,8 à 2,8 milliards de dollars provenant des pays en voie de développement, sans parler des centaines de millions de francs de commissions, taxes et intérêts qu'encaissent les grandes banques.

Dans certains pays en voie de développement, les autorités ont entrepris de faire revenir, du moins partiellement, ces liquidités. Mais il leur a fallu choisir la forme d'un emprunt à l'Euromarché des obligations, précisément. Or, les banques suisses et européennes qui gèrent le capital de fuite des classes dirigeantes exigent un taux d'intérêt supérieur lorsque les pays en voie de développement reprennent cet argent sous forme d'emprunt. Pour les pays de l'Amérique latine, il dépasse de 1 à 2 % le taux des intérêts comptés aux débiteurs européens et américains. Pour les pays africains, il s'élève jusqu'à 4 à 5 % de plus[3].

Au taux d'intérêt qui n'est donc pas le même pour tous, s'ajoutent les commissions évaluées le plus souvent à 2,5 % du montant total de l'emprunt (quand, à Wall Street, on s'en tient à 7/8 % par exemple)[4].

Suisses, européennes et américaines, les grandes banques réunies en consortium depuis quelques années conditionnent les transactions de l'Euromarché. Récemment ont été créées — avec participation suisse — l'European-Brazilian Bank (appartenant à Banco do Brasil, Banque America, Bank of America, Deutsche Bank et Union de banque suisse) et la Libra Bank (appartenant à Chase Manhattan Bank, Banco Italiano, Mitsubishi Bank, National Westminster Bank, Royal Bank of Canada, Westdeutsche Landesbank Girozentrale, Banco Espirito Santo et Société de banque suisse), deux organismes spécialement consacrés aux affaires de l'Euromarché avec les pays en voie de développement. La Société de banque suisse est liée, de surplus, à la Banque américano-franco-suisse pour le Maroc. Le Crédit suisse

1. *The Times*, 6 juin 1972.
2. *Financial Times*, 5 mars 1973.
3. *Ibid.*, 3 juin 1973.
4. *Ibid.*, 4 juin 1973.

se lia à la Banque de Tunisie et participa en 1962 à la fondation de quelques banques en Afrique occidentale. La répartition géographique du réseau des filiales montre que le Tiers Monde est au centre de l'intérêt des banquiers helvétiques. La Société de banque suisse est présente à Beyrouth, Bogota, Buenos Aires, Caracas, Guayaquil, Hong Kong, Lima, Mexico, Rio de Janeiro, São Paulo, Singapour et Panama. L'Union de banque suisse et le Crédit suisse suivent à peu près la même ligne. Parmi les développements les plus récents, citons l'établissement par les grandes banques suisses de filiales d'émission dans les Caraïbes et surtout à Singapour[1]. L'ouverture de ces dernières filiales est motivée par le rapide essor d'un marché du dollar en Asie (avec un volume de 2 milliards de dollars en 1972).

Des analyses précédentes, il convient de tirer quatre conclusions distinctes :

1. Cette dernière décennie a connu la formation de marchés puissants en dollars et autres monnaies (florins, livres).

2. Les classes dirigeantes des pays en voie de développement fournissent une partie douloureusement élevée de ces capitaux qui servent avant tout au financement des projets commerciaux et industriels de pays développés.

3. Par la forte participation de ses trois grandes banques à la formation de consortiums et à des opérations financières internationales, la Suisse profite largement de ces richesses. Au demeurant, si certains de ces capitaux proviennent de la fraude fiscale qui, dans d'autres pays, est punie de prison, ils sont protégés par le secret bancaire puisque ce secret permet aux banques de refuser de donner des informations dans les cas de fraude fiscale.

4. Les relations créanciers-débiteurs sont souvent multilatérales, sans contrôle ni planification nationale ou internationale. Elles sont définies par des conditions et des taux d'intérêt qui découlent de la rationalité commerciale de celui des partenaires qui est économiquement le plus fort.

---

1. *Die Zeit*, Hambourg, 9 mars 1973. — La force d'attraction de Singapour sur le capital international a été soulignée par le Crédit suisse dans son bulletin de mars 1973 qui mentionne comme un avantage essentiel les *bas salaires* pratiqués par plusieurs firmes suisses (denrées alimentaires, mécanique, optique, horlogerie et chimie).

II. LE FINANCEMENT MULTINATIONAL DE L'EXPANSION INDUSTRIELLE DANS LES PAYS DE LA PÉRIPHÉRIE

Outre la distribution de crédits de pays à pays, les banquiers helvétiques participent à des financements de développement multinationaux. Mentionnons parmi les institutions du genre : la Banque mondiale, composée de la BIRD (organisation internationale de crédit), de l'IDA (International Development Association) et de l'IFC (International Finance Corporation). L'IDA accorde des crédits à des conditions économiques favorables et l'IFC à des conditions sévères. Il existe des banques régionales d'aide au développement : ainsi la banque interaméricaine d'aide au développement, la banque asiatique et la banque africaine. Ces instituts se procurent leurs crédits par des prêts, des subsides et des emprunts de pays membres ou de pays donneurs. La Suisse a permis à la Banque mondiale, à l'Interaméricaine et à l'Asiatique de prélever des emprunts sur le marché suisse du capital. La Suisse a participé, avec un montant de 5 millions de dollars, au capital-action de la Banque d'aide au développement asiatique. Les emprunts de l'Interaméricaine en Suisse se montaient, à la fin 1972, à 250 millions de francs environ, auxquels s'ajoutent encore des prêts d'une valeur de 125 millions de francs. La Suisse est ainsi au quatrième rang des fournisseurs de capitaux de cette banque.

La Banque mondiale avait emprunté en Suisse 1,7 milliard de francs environ (fin 1972). Déduction faite des remboursements, il restait encore à payer, fin 1971, 215 millions de dollars au taux d'intérêt moyen de 4,61 %.

La Banque d'aide au développement asiatique avait emprunté en 1971 40 millions de francs à 7 %.

En 1972, la Banque interaméricaine d'aide au développement a porté la part des crédits accordés à des conditions sévères (8 % d'intérêts) de 36 % (1971) à 55 % du bilan total. Cet institut, dont un des créanciers les plus importants (quatrième rang) est la Suisse, a donc fait un sérieux pas en arrière dans le sens d'une diminution de l'activité de crédit qualifiée d'*aide* à proprement parler [1].

Le caractère d'assistance de tels emprunts devait être pratique-

1. *NZZ*, 10 mai 1973.

ment nul pour le bailleur de fonds. Car les acheteurs de ces obligations — notamment les petits épargnants, caisses de retraite et
gros investisseurs — acquièrent avec ces emprunts une valeur
exempte de risques à un taux légèrement plus favorable que les
obligations autochtones. Les banques entremetteuses comptent à la
Banque mondiale une commission d'admission dont la valeur se
situe entre les taux usuels en Suisse : de 1 à 3 % du montant total
de l'emprunt. Sur le 1,7 milliard de francs que la Banque mondiale a emprunté en Suisse, les banques suisses ont ainsi perçu en
commissions (finances d'entrée) entre *17 à 51 millions de francs*.
D'autres perceptions de commissions s'y ajoutent lors de la vente
des obligations pendant le délai d'échéance à long terme, puisque
tous les acheteurs ne les gardent pas pendant quinze ans.

Le gain le plus important sur les emprunts d'aide « au développement » échoit à l'industrie suisse. Une fois les montants des emprunts
acheminés par les banques suisses et la Banque mondiale vers les
pays en voie de développement, la plus grande partie des sommes sert
à l'achat de marchandises en Suisse. Sur le 1,5 milliard de francs que
la Banque mondiale a obtenu en Suisse jusqu'en novembre 1971,
1,3 milliard est rapidement revenu en Suisse (livraison par l'industrie
de biens d'investissement) [1]. Cinq ans auparavant, en 1966, un total
d'emprunts de 666 millions de francs correspondait même à des
achats de 695 millions effectués à la Suisse. Le paiement des intérêts de la Banque mondiale, donc indirectement des pays en voie de
développement, avait déjà rapporté à la Suisse 217 millions de francs
supplémentaires [2]... (Kappeler, *op. cit.*).

---

1. *Union de banque suisse, Notes économiques*, novembre 1971, p. 9.
2. *Tribune de Genève*, 31 octobre 1967.

3. Le cas du Chili[1]

Une unité fonctionnelle indispensable lie l'impérialisme secondaire à l'impérialisme premier. La qualité non autonome d'instrument prime sur les contradictions que fait naître entre les impérialismes leur activité concurrentielle (affrontement entre capitaux financiers d'origine « nationale » différente à la périphérie, compétition pour la gestion du butin au centre, etc). Un système de rationalité commun, visant au maintien à tout prix (même à celui du renoncement à une stratégie financière ou commerciale immédiatement rentable) du système mondial de domination capitaliste des peuples, sous-tend l'ensemble des activités impérialistes.

En temps normal, c'est-à-dire lorsque l'ordre capitaliste règne sans conteste, cette rationalité n'agit que de façon sous-jacente; elle fournit le cadre référentiel à la compétition entre les impérialismes, elle marque les limites à ne pas transgresser par les concurrents. Mais il arrive de plus en plus fréquemment que des peuples soumis se révoltent, réclament leur liberté et parfois

1. A la fonction répressive correspond une fonction de promotion : l'impérialisme secondaire remplit une tâche instrumentale essentielle pour la répression des gouvernements populaires, réformistes ou révolutionnaires à la périphérie. Il assume en même temps une fonction de promotion des régimes périphériques oppressifs, mais utiles aux stratégies impérialistes du centre (exemples : Indonésie, Brésil, Corée du Sud). Le présent chapitre étudiant la fonction répressive de l'impérialisme secondaire, nous n'analyserons qu'un cas, celui du Chili de l'unité populaire (1970-1973). La double fonction répressive et de promotion, par contre, est évoquée par les annexes (I et II) à ce chapitre. Ces annexes étudient l'usage fait par le gouvernement de deux instruments principaux de répression et de promotion : la garantie fédérale des risques à l'exportation, l'aide financière bilatérale ou multinationale aux pays en voie de développement.

l'obtiennent. Pour le système capitaliste mondial, il n'est plus question de laisser se développer des actions libératrices comme celles qu'entreprirent Lumumba en Afrique en 1960 ou Fidel Castro en Amérique latine dès 1956. Le temps de l'impérialisme « imprudent » ou « libéral » paraît aujourd'hui révolu. Au moindre mouvement annonciateur d'un combat de libération par un peuple dominé, une répression multiforme se met en marche. Dans cette entreprise d'étouffement initial, les impérialismes secondaires jouent un rôle capital. Car l'impérialisme premier et son expression politique, le gouvernement des États-Unis, ne peuvent, dans de nombreux cas et pour des raisons qui tiennent à leur stratégie politique planétaire, intervenir directement et à découvert. L'impérialisme premier fait alors appel à cette rationalité capitaliste sous-jacente du système mondial de domination et la défense du système menacé est confiée, dans un premier temps, à tel ou tel sous-impérialisme régional. Exemples : une révolte populaire se développe-t-elle au Dhofar et menace-t-elle la tête de pont impérialiste d'Oman ? L'armée iranienne reçoit mandat d'écraser le mouvement populaire. Un gouvernement anti-impérialiste s'installe-t-il à La Paz ? Les services secrets brésiliens organisent la chute de Torrès et l'avènement de Banzer.

Lorsqu'un pays, respectant scrupuleusement le cadre constitutionnel antérieur, se libère graduellement en votant pour un gouvernement populaire, les choses se compliquent singulièrement. Il ne reste plus à l'impérialisme que de recourir à l'étouffement économique et financier de l'impudente nation.

Ce qui fut fait au Chili. Dans cet étranglement lent et méthodique du peuple chilien, les impérialismes secondaires européens (principaux partenaires non américains de l'économie chilienne), et notamment l'impérialisme helvétique, ont assumé un rôle déterminant.

Dès novembre 1970 (prise de pouvoir du président élu Salvador Allende), les États-Unis et leurs alliés d'Europe organisèrent le sabotage et le boycottage systématiques de l'économie chilienne [1]. La *coordination internationale* du sabotage et du boycottage fut assurée à Washington par le « Comité des 40 », instance présidée par Henry Kissinger [2]. Gerald Ford résume mieux que je ne saurais le faire la rationalité sous-jacente à cette opération inter-impérialiste :

> *Question :* « Quelle est la loi internationale qui vous permet de faire chavirer le gouvernement constitutionnellement élu d'un pays étranger? »
> *Réponse :* « Je ne vais pas me préoccuper de la loi internationale. Je dirais simplement qu'historiquement et de fait, de telles actions (de déstabilisation) ont lieu. Nous les entreprenons dans l'intérêt le mieux compris des pays concernés [3]. »

Revenons à l'impérialisme secondaire helvétique : il serait absurde de penser qu'une ligne téléphonique directe reliait le « Comité des 40 » de Washington aux quartiers généraux des empires bancaires de Zürich et Genève. La rationalité sous-jacente au système impérialiste a joué de façon quasi spontanée. La motivation particulière qui gouverne la fonction répressive de l'impérialisme secondaire a été formulée clairement en mars 1973 ; répondant à mon interpellation, le ministre fédéral de l'Economie, M. Ernest Brugger, déclara :

> Les affaires normales ne sont plus possibles avec le Chili... Nous avons notre système économique, les Chiliens ont préféré en choisir un autre. Cela fait partie de leur autonomie, mais qu'on ne vienne pas me dire que nous devons éprouver de la sympathie pour ce choix! Je ne suis peut-être pas un grand

1. A. Uribe, *Le Livre noir de l'intervention américaine au Chili*, Éd. du Seuil, 1974; cf. aussi, A. Touraine, *Vie et Mort du Chili populaire*, Éd. du Seuil, 1973; J.C. Buhrer, *Allende, un itinéraire sans détours*, Éd. l'Age d'homme, 1974.
2. Sur l'activité du « Comité des 40 », cf. *New York Times*, 8 septembre 1974, p. 1 et 26.
3. Conférence de presse à la Maison-Blanche, transcription du dialogue, *Time*, n° du 30 septembre 1974 (Éd. européenne), p. 24.

homme politique comme l'interpellateur, mais simplement un épicier et un marchand [1].

L'étranglement du Chili populaire, ce « Vietnam silencieux », comme l'appelait Allende, est un processus complexe. De longues pages me seraient nécessaires pour l'examiner ici. Faute de place, je ne peux analyser ici que quelques-unes des démarches de l'oligarchie secondaire helvétique, entreprises conjointement avec celles des autres impérialismes pour étouffer la démocratie chilienne.

Contrôlant certains secteurs clés de l'économie chilienne — le secteur alimentaire, par exemple — il a suffi en fait à l'impérialisme helvétique de refuser toute collaboration avec le nouveau gouvernement pour lui créer des difficultés quasi insurmontables.

Exemple : Nestlé, avec ses usines, contrôle la presque totalité de la production de produits laitiers en boîtes et du café soluble, ainsi qu'une grande partie des denrées alimentaires en conserve du Chili. Cette firme est implantée dans le pays depuis plus de trois décennies. Sa filiale, la Chiprodal SA, contrôle six usines situées dans les localités suivantes : Graneros (lait de conserve, Nescafé et dérivés), Los Angeles et Osorno (lait de conserve), Llanquihue (lait en poudre), San Fernando (produits Maggi, bouillons et potages), Rancagua (lait pasteurisé). L'autre filiale Nestlé, la Savory, produit à Santiago des glaces et des aliments congelés (Findus). Or, Nestlé, par ses deux succursales et ses sept usines, domine effectivement le marché chilien. La politique de production et la structure des prix de Chiprodal et de Savory étaient depuis toujours orientées de façon à satisfaire en priorité les besoins des classes supérieures chiliennes. Les innombrables familles pauvres des calampas, des bidonvilles, des centres miniers du Nord et les ouvriers migrants du Sud n'ont prati-

1. Bulletin sténographique du Conseil national, session du printemps 1973, Chambres fédérales, p. 156.

quement jamais pu profiter des aliments en boîtes pour nourrissons ou du lait enrichi que les brevets helvétiques permettaient
de fabriquer. Depuis trente ans que Nestlé est implanté au Chili,
des centaines de milliers d'enfants chiliens n'en ont pas moins
connu une existence misérable. Bloqués dans leur développement
par le manque de protéines, nombreux sont ceux que la faim a
rendus infirmes. Le gouvernement d'Unité populaire aspirait à
mettre fin à cette situation et décida de distribuer 1/2 litre de lait
par jour à chaque enfant nécessiteux jusqu'à sa quinzième année.
Cette décision mit le gouvernement Allende dans l'obligation
d'ouvrir des négociations avec le trust Nestlé, afin d'obtenir le
contrôle de la politique des prix — particulièrement en ce qui
concernait le prix du lait — pratiquée par cette société. Nestlé
refusa toute forme de négociation sur ce sujet[1].

Je me souviens d'un après-midi de l'automne austral de 1972
à Santiago. Nous étions réunis dans la véranda de « Tomas
Moro », la modeste maison blanche qui servit d'habitation au
président Allende. Assis dans un haut fauteuil colonial, son
chien couleur poivre couché à ses pieds, Salvador Allende me
parlait de sa jeunesse, de ses premières expériences de jeune
médecin dans un faubourg de Valparaiso. La sous-alimentation
des enfants... elle l'avait marqué à jamais. C'est à cause d'elle
qu'il avait renoncé à sa confortable carrière pour se lancer dans
le combat incertain, alors apparemment sans espoir, du militant socialiste. Ce jour-là il touchait l'adversaire du doigt, il le
regardait droit dans les yeux. Inattendu mystère de l'histoire :
le jeune médecin révolté, impuissant devant la sous-alimentation

1. L'industrie chimique suisse est puissamment implantée au Chili : Ciba-
Geigy SA, Sandoz SA et Productos Farmaceuticos Roches SA jouissent d'une
position privilégiée dans le domaine de la santé. Bührle-Oerlikon, société d'armement, aujourd'hui l'un des fournisseurs les plus importants de la junte fasciste,
contrôle quatre entreprises d'industrie mécanique et de construction, par l'intermédiaire de sa filiale de Panama (Finsura SA). Dans le même domaine, Sika SA
et Brown Boveri SA occupent des positions puissantes; cf. *l'Industrie suisse au
Chili*, Éd. Groupe Suisse/Tiers Monde, Berne, novembre 1973, case 1007, 3001
Berne.

organisée, était devenu chef d'État, leader révolutionnaire. En avril 1972, il n'avait pas encore cédé devant Nestlé, il était en pleine bataille. Il m'interrogeait avec passion — non : avec cette curiosité amusée qui brusquement, au détour d'une phrase, laissait jaillir la passion — sur les caractéristiques, les habitudes de vie, la formation idéologique du PDG de Chiprodal, Villars ; sur Corthésy aussi et sur d'autres potentats de Nestlé-Alimentana à Vevey.

A Tomas Moro, le soleil déclinait. J'allais prendre congé. Soudain, Allende dit : « Si tu veux savoir ce qu'est la Révolution chilienne, va demain matin à la Nueva Habana. Les camions de lait arrivent vers dix heures. » Le lendemain, à l'heure dite, j'étais posté dans la rue principale de terre battue de la Calampa Nueva Habana, face au jardin d'enfants qu'animaient des jeunes femmes du MIR. Un peu plus tard, trois camions gris arrivèrent, cahotant sur la chaussée défoncée par les pluies. Depuis l'entrée du bidonville, ils étaient accompagnés par le cortège joyeux des enfants, des mères et de quelques ouvriers en congé. Le lait avait été acheté contre de précieuses devises en Argentine. Les bidons furent déchargés. Jusqu'à la fin de ma vie, je me souviendrai des yeux des enfants de la Nueva Habana.

La Suisse abrite — c'est même là une de ses tâches principales au sein du système impérialiste mondial — les quartiers généraux extra-américains de nombreuses sociétés de l'impérialisme premier. Anaconda et ITT, deux sociétés multinationales qui dans la campagne internationale de sabotage de l'économie chilienne, ont joué le rôle que l'on sait [1], ont « travaillé » à partir de la Suisse. Un nombre élevé d'autres sociétés moins connues agissant à partir du territoire suisse ont, dans l'étranglement du Chili populaire, accompli des tâches précises.

---

1. *Multinational corporations and United States foreign policy, Hearings before the Committee on foreign relations US Senate, 39th Congress, The International Telephone and Telegraph Company and Chile 1970-1971*, Éd. US-Printing Office, Washington, 1973, 2 vol.

La société Internordia Finanz SA est l'un des nombreux holdings qui, pour des raisons fiscales, sont domiciliés à Glaris. Peu après son investiture, le gouvernement d'Unité populaire fit arrêter sept personnes accusées de sabotage économique. Le Sénat chilien consacra plusieurs auditions à cette affaire. Au cours d'une séance d'enquête, le sénateur Narciso Irureta déclara que la société Internordia avait fait perdre plusieurs millions de dollars à l'État chilien. Parmi les sept inculpés arrêtés par la justice chilienne se trouvait Alfred König, membre de la direction de la société Internordia Finanz SA. Cette affaire provoqua une crise à l'intérieur de la société. Werner Stauffacher, vice-président du conseil d'administration, donna sa démission pour protester contre les agissements de sa propre société[1]. D'après l'enquête, Internordia Finanz SA, de Glaris, aurait essayé d'acheter un million de tonnes de cuivre à un prix extrêmement bas. Cette opération aurait été facilitée — toujours selon les enquêteurs du Sénat chilien — par le fait que des fonctionnaires chiliens corrompus fabriquaient sciemment des rapports erronés quant aux perspectives de vente du cuivre chilien après l'avènement de l'Unité populaire[2].

Passons à un troisième niveau : ce sont les empires bancaires de New York, Zürich et Genève qui ont probablement joué le rôle le plus important dans le démantèlement de la démocratie chilienne. C'est ici que la coordination des activités répressives des impérialismes premier et secondaire s'avère particulièrement efficace[3]. Le départ est donné en août 1971, quelques mois

1. Voir *Neue Zurcher Zeitung*, n° 143 du 26 mars 1971, *National Zeitung* du 28 mars 1971, ainsi que la documentation *Suisse-Chili*, Groupe Tiers Monde, *op. cit.*, Berne, p. 10.

2. Cette affaire est éclairée d'une lumière nouvelle par les déclarations de Colby, ex-directeur de la CIA : « La CIA infiltra des agents chiliens dans les échelons supérieurs du parti socialiste; elle paya des provocateurs pour qu'ils fassent des erreurs (deliberate mistakes) dans l'accomplissement de leurs tâches directrices »; cf. *Time*, 30 septembre 1974, p. 24.

3. Colby, ex-directeur de la CIA, dit : « Les sommes nécessaires (pour la répression) ont été acheminées par l'intermédiaire de banques d'Europe »; cf. *Time*, op. cit.

après la nationalisation des mines de cuivre. L'Export-Import-Bank de Washington refuse un crédit de 21 millions de dollars pour l'achat de trois transporteurs Boeing à la compagnie d'aviation chilienne Lan Chile. Refus étonnant : Lan Chile est un débiteur exemplaire, ayant toujours ponctuellement remboursé ses dettes, et le nouveau crédit est destiné, comme les précédents, à l'achat d'avions américains aux USA [1]. Peu à peu, le garrot se resserre, les lignes de crédit sont coupées une à une. A la fin de l'année 1972, le Chili populaire est totalement isolé. Commence alors la sinistre série des campagnes de sabotage économique. La grève des ingénieurs à la mine de cuivre El Teniente de 1973 : elle dura soixante-quatorze jours et coûta environ 75 millions de dollars (manque à gagner calculé sur le revenu en devises du Chili). Successivement, plusieurs « grèves » de camionneurs atteignirent gravement l'économie du Chili. Dans ce pays qui s'étend sur près de 4 000 km de longueur, presque tous les transports intérieurs se font par route. La dernière « grève » des camionneurs coûta au Chili environ six millions de dollars par jour en nourriture avariée (viande, légumes, lait). Ces campagnes de sabotage ne pouvaient durer et se multiplier qu'à condition d'être soutenues par des financiers étrangers. En voici le mécanisme, tel qu'il a été décrit par le journal *Il Manifesto*.

Ce journal italien a publié [2] une étude sur la Banque pour le commerce continental dont le siège est à Genève (15, quai des Bergues). Elle appartient à une famille chilienne de l'extrême-droite de la démocratie chrétienne, les Klein. Au cours des années 1972-1973, diverses personnalités de l'extrême-droite chilienne sont arrivées à Genève, le temps d'une rencontre avec les Klein et d'autres banquiers. Frei lui-même a été vu à Genève en compagnie des Klein, en février, mars et juillet 1972, puis en janvier 1973. M. Orlando Saenz, président de la Sociedad

---

1. *Time-Magazine*, qui fait l'historique de cette affaire, dit : « The airline had a perfect repayment record », 20 septembre 1973, p. 17.
2. *Il Manifesto*, 3 octobre 1973.

de Fomento Fabril, organisation du patronat chilien s'est
trouvé en Suisse peu de temps avant le coup d'État, afin de
mobiliser ses amis des milieux bancaires. M. Saenz est un dirigeant important de l'extrême-droite chilienne, lié au mouvement
fasciste « Patrie et Liberté ». Il est aujourd'hui conseiller économique de la Junte [1]. Depuis janvier 1973, deux millions de dollars en coupures de 1 à 10 dollars étaient parvenus au Chili.
En pleine inflation, au mois d'août 1973, d'énormes quantités
de dollars circulaient à Santiago. Les premiers bénéficiaires en
furent les camionneurs « en grève » contre le gouvernement
Allende. Un camionneur de Santiago admit que ses collègues
et lui recevaient, pour chaque journée de grève, 7 dollars cor-
respondant, au change « noir », à environ 10 000 escudos (le
salaire mensuel d'un camionneur était alors de 40 000 escudos) [2].

Le 11 septembre 1973 les officiers fascistes et les services
spéciaux américains mettaient une fin brutale à la démocratie
chilienne. Les sociétés multinationales revenaient triomphantes.
Conséquence : en juin 1976 deux millions d'enfants chiliens
souffrent de malnutrition grave, un million d'entre eux est
menacé immédiatement de mourir de faim (cf. *Der Spiegel*,
juin 1976). Comment réagit le gouvernement visible de la
Suisse au rétablissement du régime colonial ? Contrairement
au protocole qui exige que les drapeaux soient mis en berne
lors de la mort d'un chef d'État en exercice, la majorité
bourgeoise du Conseil fédéral refuse d'abaisser le drapeau
sur les édifices publics ; contrairement à la plupart des gouvernements des pays civilisés, la majorité bourgeoise du

---

1. D'autres fascistes chiliens ont fait carrière depuis le coup d'État. Exemple :
Herrera Gonzales, général de police, mis à la retraite par le gouvernement démocratique, est nommé ambassadeur à Berne. Ironie du sort ! Il retrouve en Suisse
son ancien « patron » : Nathanaël Davis. Ce philanthrope a été l'envoyé spécial
de Kissinger à Santiago durant la préparation du putsch (cf. « North american
congress on Latin America », *The Chilean Offensive*, vol. VIII, 1974). Davis est
depuis 1975 ambassadeur des États-Unis à Berne.
2. Cf. *New York Times*, 8 septembre 1974, p. 26.

Conseil fédéral refuse d'envoyer un télégramme de condoléances à la veuve du Président assassiné. Enfin, à Santiago, l'ambassadeur de la Confédération, Charles Masset, ferma son ambassade dès les premières heures du putsch et refusa l'asile à des dizaines de persécutés qui demandaient son aide[1]. Le 23 février 1974, enfin, la majorité bourgeoise du Conseil fédéral institue l'obligation du visa d'entrée en Suisse pour les persécutés chiliens, ce qui équivaut en fait (sauf exceptions) à leur en interdire l'entrée. Cet arrêté ne pouvait manquer d'évoquer un terrible précédent : le 17 octobre 1939, le Conseil fédéral avait institué l'obligation du visa pour les Juifs allemands, acceptant ainsi implicitement de livrer des hommes, des femmes et des enfants aux bourreaux nazis[2].

ANNEXE

> Parmi toutes les armes qu'utilise l'impérialisme secondaire pour empêcher les réformes sociales, économiques et politiques dans un État dominé de la périphérie (ou, au contraire, pour renforcer le caractère répressif et anti-populaire de cet État), deux instruments sont particulièrement efficaces : la garantie fédérale des risques à l'exportation et les crédits internationaux dits « d'aide financière ». Ces deux armes sont ici analysées par Hollenstein et Kappeler. J.Z.

I. LA GARANTIE DES RISQUES À L'EXPORTATION

L'Etat accorde une garantie pour les crédits à l'exportation à des exportateurs faisant des affaires avec les pays en voie de déve-

---

1. Sous la pression de l'opinion publique, la conduite du ministère des Affaires étrangères et de son ambassadeur évolua lentement par la suite. En novembre, un fonctionnaire du ministère fédéral se rendit finalement à Santiago pour y choisir 200 élus, exilés latino-américains et persécutés chiliens « dignes » de l'asile helvétique.

2. E. Bonjour, *Histoire de la neutralité suisse*, Éd. de la Baconnière, Neuchâtel, 1971, vol. VI, p. 10 *sq*.

loppement. La garantie du risque à l'exportation (GRE) [1] assure l'exportateur contre les risques (monnaie, transferts, fluctuations politiques) et contre l'insolvabilité des débiteurs officiels. Les crédits à l'exportation et la GRE améliorent la position concurrentielle de l'industrie suisse d'exportation, la parant d'un attrait supplémentaire qui ne va pas sans inconvénients pour les pays en voie de développement, incapables de se battre à armes égales puisque leurs exportateurs ne disposent pas de ce soutien. D'autre part, le prix exorbitant des crédits d'exportation, caractérisés par des taux d'intérêts conformes au marché, par des échéances à court terme et par de brefs délais de carence, force naturellement à acheter chez les créanciers et cette obligation implique pour les pays en voie de développement des frais supplémentaires de 20 % au moins du prix de concurrence. Il est donc normal que cette forme de financement pèse sur la lourde dette des États destinataires dont la dépendance économique et politique vis-à-vis des États industriels s'aggrave d'autant [2]... En 1970, la Confédération ordonna un abaissement des taux de garantie — et, du même coup, une augmentation du risque à l'exportation — à 75 %. Cette mesure a été complétée par une directive adressée à la commission de la GRE, qui dit notamment : « Lors de l'examen d'une demande de garantie, pratiquer la réserve par rapport aux conditions de paiement [3]. » Le résultat s'est révélé ambigu. Dans certains cas, on vit même des taux de garantie abaissés jusqu'à 50 %, mais les demandes furent pratiquement toutes acceptées [4].

La commission de la GRE ne dispose pas de critères précis pour remédier aux effets les plus négatifs des crédits d'exportation. Pour maintenir la dette dans des limites supportables, elle ne devrait accorder les crédits d'exportation que dans la mesure où l'investissement ainsi financé rapporte ou épargne autant de devises qu'il en faut pour le remboursement du crédit (intérêts inclus). Dresser avec certitude le bilan dans chaque cas étant pratiquement impossible, il ne reste qu'une voie praticable : fixer à chaque pays — compte

---

1. Sauf mention contraire, ces données sont extraites de la « Loi fédérale sur la garantie du risque à l'exportation » et de l'ordonnance d'exécution qui y fait suite.
2. En 1968, les crédits d'exportation ne constituaient que le quart de la dette extérieure des pays en voie de développement. Pourtant, ils ont absorbé la moitié du service des dettes. (L.B. Pearson *et al.*, *Rapport Pearson*, p. 188.)
3. Rapport : « La garantie contre les risques à l'exportation de la Confédération en 1969 », Berne, 1970, p. 3.
4. Renseignement obtenu du président de la commission de la GRE.

tenu de son degré de développement et de l'endettement déjà existant — un plafond exprimé en pourcentage de l'afflux de capital
total pour les crédits d'exportation. Mais la GRE n'en sortira pas
transformée au point de constituer un élément de politique d'aide
au développement. Les injustices sont trop nombreuses, la structure
du commerce mondial, défavorable aux pays en voie de développement, ne se modifie qu'à peine. Les crédits d'exportation restent
coûteux et ce sont des moyens financiers qui aliènent la liberté.

Qu'une GRE envisagée du point de vue d'une assurance purement
technique soit de nature à freiner fondamentalement l'aide au développement, on le constate dans le cas du Chili populaire, seul pays
à avoir été soumis à un régime de défaveur. Les crédits d'exportation ne lui furent plus garantis qu'à échéance de 6 mois [1]. La politique
du gouvernement Allende, favorable aux réformes sociales fondamen-
tales et à un développement à long terme, fut contrariée par le sabotage de l'étranger (crédits barrés des USA, de la Banque mondiale,
de la BIRD; manipulation du prix du cuivre de la part des USA; etc.)
et de la classe supérieure autochtone (grève de l'investissement, fuite
des capitaux, etc.). Le Chili se trouva ainsi empêtré dans des embarras
d'argent énormes. Les réformes envisagées comprenant notamment
la nationalisation des industries clés dirigées par l'étranger; les intérêts de l'économie étrangère, parmi lesquels les intérêts suisses, furent
touchés. Sur la base de la GRE, la Confédération dut verser des
dédommagements. Du point de vue technique d'assurance, ne plus
garantir de crédits d'exportation au Chili était donc justifié. Du point
de vue de la politique d'aide au développement, il aurait été en revanche indiqué de soutenir l'expérience chilienne par une reconduction
de la garantie des crédits, ou, mieux encore, par un appui financier
libéralement accordé. La dimension politique de la GRE, opiniâtre-
ment niée par le Conseil fédéral — « On n'utilisera jamais la GRE
à des fins politiques, c'est un instrument purement commercial,
sans plus [2] » — apparaît nettement dans le cas du Chili. Supprimer

---

1. Chaque réforme politique provoque des difficultés (à bref délai). Certaines
erreurs du président Allende ne sont pas non plus contestées ici. Elles sont cependant de peu de poids face au sabotage international.
2. Le conseiller fédéral Brugger, au Conseil national, à l'occasion du débat
sur le 86ᵉ rapport du Conseil fédéral à l'assemblée fédérale, rapport sur les mesures économiques face à l'étranger et autres questions de politique extérieure, en
réponse à une question du conseiller national Jean Ziegler concernant la consoli-
dation de la dette du Chili (*Bulletin sténographique de la séance du Conseil national
du 13 mars 1973*).

les garanties des crédits d'exportation sans accorder en compensation une aide financière revenait à exprimer un blâme lourd de conséquences, voire à condamner la politique Allende. Dans le même temps, des États répressifs et autoritaires comme l'Indonésie obtiennent facilement des capitaux étrangers (aide et investissements), ils ne sont pas exposés à des pressions extérieures : nul besoin de freiner les crédits d'exportation. La GRE se débrouille allégrement dans cette « stratégie du développement » qui, soutenue par les intérêts du capital privé, ne fait que renforcer le sous-développement. Or, dans la mesure où les dédommagements versés dépassent les recettes des droits de garantie des crédits d'exportation, cette politique au service des intérêts privés n'en est pas moins financée par les contribuables suisses. (Hollenstein, *op. cit.*)

II. LES CRÉDITS INTERNATIONAUX DITS « D'AIDE FINANCIÈRE »

Dans les commerces d'exportation internationaux, les marchandises sont aujourd'hui livrées de plus en plus fréquemment à crédit. Mais, pour éviter à l'entreprise exportatrice d'en supporter elle-même la charge, une banque s'entremet entre l'exportateur et l'importateur. Elle paie à l'exportateur le montant du prix de vente et accorde à l'importateur, dans l'autre pays, un crédit à moyen terme (c'est-à-dire de 1 à 5 ans). Cette combinaison qui est en soi avantageuse, permet à un pays importateur, indépendamment de son incapacité à payer comptant, d'acheter les équipements nécessaires. Pour le pays exportateur, le crédit à l'exportation devient une arme de vente importante sur les marchés mondiaux. Pour les pays en voie de développement, ce crédit de financement des importations présente, à première vue, un avantage. Pourtant, après un usage prolongé de cette « facilité », les difficultés déjà décrites et qui sont liées à la dépendance du capital étranger apparaissent au grand jour ; les intérêts s'alourdissent et les échéances menaçantes se rapprochent. « La dette des pays en voie de développement a pris des dimensions astronomiques : elle se monte actuellement à plus de 60 milliards de dollars et recèle le danger que l'afflux de capitaux transférés dans les pays en voie de développement par les nations industrialisées ne puisse être utilisé à des fins productives parce que la plus grande partie du transfert reflue pour payer les amortissements et les intérêts [1]. »

1. B. Fritsch, *Tages Anzelger*, 13 janvier 1973.

Ces tendances apparaissent dans les chiffres des crédits à l'exportation suisse pour 1970 : de nouveaux crédits furent accordés, d'une valeur de 97 millions de francs, tandis que 250 millions de francs faisaient le trajet de retour (Tiers Monde — Suisse), représentant les intérêts des crédits antérieurs [1]. Les remboursements ne sont pas inclus dans ces chiffres.

Nous l'avons dit : pour les pays riches, la garantie de crédit à l'exportation constitue une facilité. Les grandes banques suisses utilisent par exemple les fonds des obligations de caisse vendus généralement à de petits épargnants pour le financement de ces crédits. En 1972, ces sommes se montaient à 23 milliards de francs pour les 72 banques suisses les plus importantes. Comme les banques doivent payer à cette fin de 5 à 5,5 % d'intérêt mais touchent environ 7,5 % pour les crédits à l'exportation, elles parviennent à percevoir, grâce à cette marge, sur les 2 336 millions de francs de crédit à l'exportation garantis par la GRE, plus de 40 millions de francs annuels (chiffres pour 1970) versés par les pays en voie de développement. D'où un gain renouvelé pour les commerces d'exportation, tandis que les pays sous-développés restent sur leur faim, bloqués par leur faible pouvoir d'exportation.

Les pays sous-développés ont compris qu'ils peuvent jouer les uns contre les autres les pays « livreurs », puisque ceux-ci rivalisent dans la répartition des crédits à l'exportation. Cette émulation entre les exportateurs crée des taux de crédits toujours plus élevés sur la valeur exportée et des échéances toujours plus longues. Mais les pays développés ont découvert leur solidarité d'intérêts. Dans les années cinquante déjà, ils s'associèrent dans la *Berner Union* et se mirent d'accord pour ne plus accorder de garanties à l'exportation pour des affaires dont le délai de paiement dépasserait cinq ans [2].

En été 1972, l'OCDE, en sa qualité d'organisation des pays les plus riches de la terre, fit des efforts pour contrôler la concurrence restante. Pour les crédits à l'exportation dépassant cinq ans, un échange d'informations et des consultations préliminaires doivent désormais avoir lieu. La Suisse participe à ces accords [3]. Un pays en voie de développement ne parviendra donc plus à jouer les uns contre les autres les pays industriels. Au contraire, les pays

1. R.H. Strahm, *Industrieländer-Entwicklungsländer*, Éd. Laetare, 1972, p. 111.
2. H. Brunner, « Die Berner Union und ihre Ziele », *Der Volkwirt*, supplément au n° 45, 7 novembre 1959.
3. *NZZ*, 16 juin 1972.

en voie de développement doivent se laisser dire par des Suisses
qu'ils peuvent être mis en rivalité les uns contre les autres :
« Les pays d'Amérique latine devraient prendre conscience que,
pour se procurer du capital étranger, ils seront en concurrence
avec l'Asie, l'Afrique et l'Australie et que les bailleurs de fonds
se laisseront guider dans leur choix par la solvabilité, le profit
et les perspectives d'avenir [1]. »

Les crédits à l'exportation sont toujours liés à un objet, c'est-à-dire
qu'ils sont destinés à financer un projet déterminé. Le pays en voie
de développement reçoit le crédit de la Suisse en réalisant un acte
d'achat en Suisse. Les industries ou banques participantes posent
ainsi des conditions cumulées. Les crédits de transfert effectués sous
les auspices de la Confédération recherchent presque uniquement
le financement d'exportations concrètes de la grande industrie suisse.
Le pays en voie de développement dépend, pour l'utilisation des
crédits consentis par les banques suisses et par la Confédération, des
fournisseurs suisses en ce qui concerne les délais de livraison, le choix
du produit et le niveau de prix.

Le crédit d'exportation accordé à l'Inde en est un exemple :
« Au milieu des années soixante, à l'initiative d'un trust industriel suisse, un accord-cadre a été conclu entre la Suisse et
l'Inde. Crédit : 100 millions de francs. Le crédit fut mis à
disposition par un groupe de banques suisses et assuré par la
garantie de risque à l'exportation fédérale (GRE). Il était destiné au financement d'exportations de biens suisses. On parla
à l'époque de « voies nouvelles de l'aide suisse au développement »
et l'on crut alors servir à la fois les intérêts des exportateurs suisses
et ceux des importateurs indiens. Un an et demi plus tard, on apprit
par la presse qu'un tout petit nombre seulement des contrats d'achat
approuvés par les autorités avaient été formellement conclus par les
deux parties. La raison est évidente : le crédit fut ouvert au début
d'une période de haute conjoncture, alors que les firmes exporta-
trices suisses ne pouvaient plus suffire à la demande ni satisfaire à
leurs obligations; elles étaient forcées de refuser de nouvelles commandes. Alors, subitement, elles freinèrent leur collaboration à l'« aide
au développement ». Un crédit non engagé aurait été certes plus
indiqué dans de telles conditions. L'Inde aurait été libre de dépen-

1. J. Hanselmann, directeur général de l'Union de banque suisse, devant la
Chambre de commerce de l'Amérique latine, *NZZ*, 28 avril 1972.

ser le crédit dans ses propres frontières ou dans un pays tiers [1]. »

Lors de la conclusion de tels contrats de crédit, il est probable que les vœux de l'industrie suisse dans le cadre des livraisons sont clairement exprimés. En 1964, on pouvait lire dans un rapport du Conseil fédéral sur le contrat de crédit avec le Pakistan : « L'accord avec le Pakistan repose sur l'alliance de la garantie de risque à l'exportation de la Confédération et de l'accord de crédit de l'économie privée. Le Pakistan couvrira davantage en Suisse son besoin en produits d'investissement et notre industrie pourra prendre une participation plus forte qu'auparavant à la réalisation des projets de développement du Pakistan. L'accord ne portera pas préjudice à la possibilité de conditions de paiement normales de livraisons en produits d'investissement. » Plus tard, en 1967, le crédit passa de 43 millions de francs à 63 millions pour l'achat en Suisse d'équipements de transmission, de machines textiles et d'installations d'usines électriques.

A propos des 20 millions de crédits accordés en 1968 à la Colombie, parallèlement aux financements de la Banque mondiale, le 81e rapport du Conseil fédéral sur les mesures économiques face à l'étranger soulignait : « Le crédit a permis à l'industrie électromécanique suisse de s'assurer une part de près de 12 millions de francs dans l'exécution du projet... »

Les conditions de crédit entre la Suisse et le Tiers Monde reflètent la dépendance entre les deux parties de notre planète : d'une part, le monde pauvre, sans grandes possibilités de stimuler son économie par des exportations aidées par le crédit de financement, de l'autre, la Suisse qui paie ses importations comptant et peut choisir ses fournisseurs; elle peut offrir ses capitaux bancaires aux pays en voie de développement dans l'absolue certitude que l'argent reviendra au pays sous forme d'achat de produits d'investissement. Plus tard, il reviendra encore une deuxième fois, sous forme de paiement d'intérêts (par exemple 8 % pendant quinze ans), et une troisième fois comme remboursement de la dette... (Kappeler, *op. cit.*)

---

1. U. Brogle, *Zur Frage des schweizerischen Kapitalexports*, polygraphischer Verlag, Zürich, 1963, p. 68-69.

2

La violence des symboles

1. La « démocratie suisse »

> En haut et en bas ce sont deux langages
> Deux poids, deux mesures.
> Les hommes ont même figure
> Et ne se reconnaissent plus.
>
> Mais ceux qui sont en bas sont maintenus en bas
> Pour que restent en haut ceux qui y sont déjà.
>
> BERTOLT BRECHT, *Sainte Jeanne des abattoirs.*

Sa qualité non autonome et instrumentale procure à l'impérialisme secondaire un avantage : sa praxis est presque totalement voilée par une idéologie pacifiste admise par tous. Il serait difficile de convaincre un paysan vietnamien, bombardé il y a peu par l'aviation américaine, ou un prisonnier chilien ou bolivien torturé par les experts de la CIA, du caractère pacifique, humanitaire et philanthropique de la politique étrangère américaine. Il croira en revanche sans difficulté à la « neutralité helvétique ». De quelle manière est assurée l'extraordinaire permanence de ce mythe ? La réponse est complexe. Il faut la chercher à des niveaux d'activité distincts.

Une première question se pose : comment un peuple, héritier d'une des traditions démocratiques les plus riches d'Europe, s'est-il laissé déposséder de son projet de vie au profit de l'adhésion implicite à la minable idéologie de la suraccumulation du capital, de l'exploitation « nécessaire » de l'homme dépendant et de la maximalisation du rendement monétaire ? C'est que cette idéologie-là ne s'énonce jamais crûment. Autrement dit la « *démocratie suisse* », qui représente l'expression institutionnelle de l'oligarchie impérialiste en Suisse, s'appuie sur d'autres fondements idéologiques.

La violence symbolique qui s'exerce à tous les niveaux de la scolarisation, du discours et de l'information, crée une idéologie dominante à laquelle peu de Suisses, même parmi les plus lucides, échappent[1]. La signification de celle-ci dépasse le régime politique pour désigner un système de valeurs et de représentations qu'incarne l'État des hommes égaux, unanimes, vertueux, travailleurs et justes.

Examinons donc les démarches constitutives de cette « démocratie suisse » :

La Suisse est le pays du secret. La bourgeoisie capitaliste marchande témoigne d'une extraordinaire capacité à masquer sa propre praxis. L'oligarchie valorise les moyens d'occultation de sa praxis comme vertus morales ou patriotiques. Exemples : le secret bancaire, comme discrétion professionnelle et respect d'autrui, forme, avec la neutralité, un couple typiquement helvétique, durable, pratique, efficace et hautement moral ; il permet à l'oligarchie helvétique de réaliser, lors de chaque conflit armé en Europe comme à la périphérie, des profits énormes. Il n'existe aucune statistique complète sur la fortune en Suisse ; la publication de la statistique de la production industrielle a été interrompue ; les investissements privés suisses à l'étranger ne font l'objet d'aucune statistique détaillée ; de même, toute somme d'argent déposée dans les banques suisses, ses créanciers et sa provenance, échappent, comme par hasard, à la perspicacité du bureau fédéral des statistiques.

En second lieu, *la Suisse est le pays du consensus*. La nature

---

1. Marx parle à juste titre de la « tragi-comédie » de cette République bourgeoise qui s'imagine indépendante aussi bien de la lutte des classes que de la révolution en Europe. Cf. K. Marx, *Travail Salarié et Capital* (*1849*), in *Œuvres complètes*, vol. I, Éd. Rubel, Gallimard, 1963, p. 202.

de ce consensus est complexe. Prenons un exemple : la Suisse vit sous le régime de la « paix du travail ». Il s'agit d'un accord conclu en 1937 entre le patronat et les syndicats de la métallurgie. Face à la menace hitlérienne, les syndicats métallurgistes et les patrons passèrent un pacte d'union sacrée; la grève était désormais soumise à arbitrage, donc pratiquement bannie des relations de travail. Or, telle fut l'habileté de l'oligarchie, qu'elle sut par la suite non seulement étendre cet accord à la presque totalité des secteurs de la production, mais encore le maintenir en vigueur, par reconduction tacite, jusqu'à aujourd'hui. Entre 1937 et 1974, la Suisse n'a connu que trois grèves majeures. Jusqu'à la récession de 1975, la classe ouvrière est restée — pendant plus de trente-cinq ans! — presque totalement démobilisée.

Cette démobilisation a d'abord des raisons subjectives : l'idéologie dominante, sécrétée par l'oligarchie et le patronat, affecte tous les aspects de la vie, y compris des valeurs morales hautement positives. En fait, cette idéologie va jusqu'à mobiliser ce qu'il y a de meilleur dans le caractère de l'ouvrier, du cadre, du paysan, du fonctionnaire suisse : son goût pour le travail bien fait, son indiscutable talent technique, sa créativité industrielle, son sens des responsabilités, de la décision, son ardeur au travail et le soin constant qu'il accorde à l'outil de travail. Toutes ces compétences, toutes ces qualités personnelles, l'idéologie dominante les célèbre — pour les détourner à son profit.

L'escroquerie devient objectivement possible dans la mesure où l'oligarchie, le grand patronat multinational et bancaire, accumulent à l'intérieur et à l'extérieur des frontières un butin si colossal qu'ils peuvent procéder à une rétrocession partielle. En d'autres termes : grâce à une accumulation extraordinaire de capital provenant non seulement du surprofit tiré du travail humain et de la plus-value bancaire à l'intérieur de ses frontières, mais aussi et surtout du capital en fuite placé chez eux par les oligarchies du monde entier, les seigneurs de la banque sont en état de payer aux travailleurs autochtones des salaires relativement élevés [1].

L'accumulation du capital financier et le niveau élevé de la production autochtone, s'ils garantissent le maintien des rentes de situation et la réalisation de profits monopolistiques, ont permis de surcroît un revenu qui assure, même aux plus faibles des citoyens, une vie relativement décente : la misère existe en Suisse, mais elle est résiduelle.

D'autres raisons objectives fondent ce consensus : la Suisse, très proche par sa structure actuelle de certains États pluriethniques nationaux africains, est un pays fortement « tribalisé ». Sa vie collective se déroule pour l'essentiel à l'intérieur de cadres communaux, régionaux, cantonaux fortement cloisonnés. L'histoire institutionnelle de la Suisse est celle d'une lente et contradictoire intégration, jamais achevée, de communautés ethniques, linguistiques, religieuses, sociales éparses. Être valaisan ou vaudois est souvent plus significatif qu'être ouvrier. Autrement dit : l'ouvrier vaudois ou valaisan, en période de plein emploi, est plus solidaire du patron valaisan ou vaudois que de tous les autres ouvriers suisses.

Concluons provisoirement : fabriqué de toutes pièces par le grand patronat multinational et ses alliées d'autrefois, les bourgeoisies locales [2], le consensus se confond, dans l'opinion des travailleurs, cadres, paysans, fonctionnaires, avec l'être, le caractère suisse. En d'autres termes : les conditions pratiques de son articulation rendent sa dénonciation presque impossible.

1. Les inégalités sont néanmoins choquantes en Suisse. Exemple : Les 541 contribuables les plus riches du canton de Zürich, soit 1 pour mille de la population cantonale, possèdent une fortune nette de 6,92 milliards de francs, soit 20,31 % de la fortune cantonale totale. Les 10 % les plus riches des contribuables disposent ensemble de 28,3 milliards, soit 82,61 % de la fortune cantonale. Les 90 % les plus pauvres possèdent en conséquence 5,94 milliards, soit 17,30 % de la fortune cantonale. Chiffres de 1969, in *Maldéveloppement : Suisse/Monde*, 1975.

2. Pour le conflit naissant entre le patronat multinational et la bourgeoisie locale, cf. notre chapitre de conclusions.

La « démocratie suisse » se fonde pourtant sur *le respect affirmé des opinions divergentes*. Paradoxe difficilement intelligible, l'affirmation du pluralisme illimité et l'existence d'un régime concordataire et unanimiste paraissant s'exclure mutuellement. Mais, justement, ce pluralisme des opinions n'est pas illimité, il est *normé*. Seuls les opinions, idées, discours et actes qui ne mettent pas en question les structures fondatrices du système, donc le pouvoir prépondérant de l'oligarchie, sont admis comme opinions, idées, discours et actes « démocratiques ». Tout autre discours, quelle que soit la motivation qui l'inspire, est déclaré « contraire à la démocratie ». Le système, bien sûr, rencontre à l'intérieur de son champ normé des oppositions vigoureuses, et dans la mesure où ces oppositions contestent et menacent réellement les fondements inégalitaires et oligarchiques du système, elles sont dénoncées et réprimées avec vigueur.

La valorisation du secret et de l'intransparence comme vertus morales, celle du consensus comme unité patriotique et nationale et celle, enfin, du respect affirmé de toutes les opinions comme garant de l'égalité, constituent ainsi trois instruments idéologiques de la démocratie suisse. En d'autres termes, la bourgeoisie libérale, dont le noyau dur, l'oligarchie financière, gère les armes de la violence symbolique, réalise en Suisse un *système unanimiste et pseudo-égalitaire*. Mais ce système ne peut évidemment masquer toutes les inégalités existantes. La bourgeoisie libérale recourt alors — comme le font toujours les fabricants d'idéologies destinées à camoufler un système d'exploitation — à la « logique des choses », autrement dit, elle naturalise la question : pays du consensus, du secret, de l'unanimité répressive et de la fausse égalité, la Suisse subit aussi les lois dites « naturelles » de l'économie, et plus généralement celles du devenir humain. Dieu ou la nature distribuant inégalement leurs dons, le sous-prolétaire turc ou espagnol vivant dans un baraquement de chantier coexiste avec le milliardaire oisif résidant dans sa villa de Cologny[1].

1. Enclave de l'oligarchie financière sur la rive gauche du lac Léman.

Il est normal, inévitable, dans la « nature des choses », que la
législation fiscale, le système symbolique et le réseau distributif
du pouvoir politique et économique frappent lourdement le
premier et favorisent résolument le second. Au mieux, le libéral
bourgeois imagine et fait croire que l'inégalité dont souffre le
Turc ou l'Espagnol sera réparée dans la mesure où le permet-
tront à l'avenir, la croissance économique et ses retombées.
Au citoyen suisse pauvre ou au travailleur étranger discriminé[1],
le système offre ainsi un double choix : l'homme peut se croire
égal à tous en fonction d'une identité formelle de tous devant
le système (respect des libertés, consensus), ou bien il peut
imputer son inégalité de fait à un prétendu processus de la
nature, à une logique économique « en soi », ou encore à Dieu,
ce qui revient finalement au même[2].

La façon dont la classe dominante, en l'occurrence les
dirigeants des sociétés transnationales, bancaires, industrielles,
et leurs alliés se représentent leur pratique ne constitue évidemment pas une théorie scientifique de cette pratique. Si c'était
le cas, elle les priverait de tout moyen d'exercer leur pratique,
puisque cette théorie dirait comment cette pratique fonctionne,
à qui elle profite, qui elle exploite, qui elle tue, qui elle trompe
sur ses buts. Personne ne marcherait! Au contraire, la classe
dirigeante produit des explications qui donnent de sa pratique
une représentation fausse, destinée à lui permettre de continuer
à l'exercer tout en la légitimant comme logique, innocente,
naturelle, inévitable, au service de la nation et de la collectivité.
L'idéologie de la classe dominante qui s'impose aux dominés
ne ment d'ailleurs pas qu'à eux; elle mystifie souvent aussi ceux

1. Pour la discrimination organisée du travailleur immigré en Suisse, voir
l'annexe de cette seconde partie.
2. Pour une analyse détaillée de la fonction sociale et de l'utilisation par l'oligarchie bancaire du dogme chrétien, cf. H. Luthy, *La Banque protestante en France*,
2 vol., Éd. École pratique des hautes études, IVᵉ section, 1959. Aussi, M. Weber,
Die Protestantische Ethik und der Geist des Kapitalismus, Archiv für Sozial-Wiss.,
1904/5; du même auteur, *Gesammelte Aufsaetze zur Religionssoziologie*, Tübin-
gen,1921.

qui la propagent. Il n'est pas rare, en effet, que les protagonistes principaux de l'impérialisme croient eux-mêmes à leur mission bienfaisante. Au reste, les seigneurs de la banque et de l'industrie multinationale se servent amplement d'idéologies passées qui sont celles que l'éducation et la socialisation ancrent dans l'esprit de chaque homme comme vérités universelles et qui lui fournissent ses critères de jugement de la réalité. La pratique réelle de la classe dirigeante, de la classe qui incarne l'impérialisme, est donc jugée *bonne* à partir de paramètres fournis par une idéologie *fausse*.

J'ai employé à plusieurs reprises le concept de *violence symbolique*, dont la qualité opératoire est fort utile pour comprendre comment l'oligarchie secondaire agit sur les consciences à travers son idéologie. Il convient à présent de cerner de plus près ce concept. Bourdieu en donne une première définition convaincante : « Tout pouvoir de violence symbolique, c'est-à-dire tout pouvoir qui parvient à imposer des significations et à les imposer comme légitimes en dissimulant les rapports de forces qui sont au fondement de sa force, ajoute sa force propre à ces rapports de forces [1]. » Ce concept désigne donc des armes, instruments, outils qui agissent au niveau symbolique par analogie avec ceux qui agissent au niveau matériel aux mêmes fins de domination. Ces armes symboliques ont, comme les armes matérielles de domination, leur histoire, leurs institutions, leurs gardiens. Parmi leurs gardiens les plus vigilants figurent l'école, la presse, les mass media [2].

1. P. Bourdieu et J.C. Passeron, *La Reproduction, éléments pour une théorie du système d'enseignement*, Éd. de Minuit, 1970, p. 18; cf. également A. Petitat, in *Cahiers Vilfredo Pareto*, n° 25, 1971. Trois œuvres des mêmes auteurs permettent de cerner les différents aspects du concept de violence symbolique, — Bourdieu, Passeron, Saint-Martin, « Rapport pédagogique et communication » *Cahiers du centre de sociologie européenne*, 1965 ; Bourdieu, Passeron, *Les Héritiers*, Éd. de Minuit, 1964; Bourdieu, Passeron, Chambordon, *Le Métier de sociologue*, Mouton, 1968.
2. P. Bourdieu, « Le marché des biens symboliques », *Année sociologique*, 1971.

La Confédération helvétique est un corps vivant couvert de blessures anciennes. Son histoire est l'une des plus passionnantes, des plus agitées d'Europe. A la lumière de cette histoire, on est conduit à se répéter cette question : comment la classe politique au pouvoir, c'est-à-dire les bureaucraties électorales qui gèrent ses conflits, réussissent-elles à maintenir contre toute raison ce régime concordataire du faux consensus et de la pseudo-égalité?

Depuis son arrivée au pouvoir politique et économique vers le milieu du XIXe siècle, la bourgeoisie capitaliste et marchande de Suisse, dont le noyau est l'oligarchie impérialiste, n'a jamais été contestée fondamentalement[1]. La bourgeoisie française s'est démasquée à Vichy. L'histoire sociale de la Suisse, par contre, n'a jamais connu de rupture comparable. Or, à moins d'y être contrainte, jamais l'oligarchie n'impose explicitement ses symboles. Ils sont « donnés[2] ». La violence symbolique fonctionne apparemment toute seule. L'oligarchie dispose, pour réaliser sa stratégie, d'énoncés implicites. Ils reposent sur la pratique historique de toutes les institutions sociales et culturelles de l'actuelle Confédération, dont les plus efficaces sont sans doute l'école et le langage. Jamais l'oligarchie suisse ne se trouve obligée d'expliciter sa propre praxis. Seuls les opposants au système sont tenus de le faire. Tous les choix tactiques de l'oligarchie (et de son État mercenaire) découlent de ces stratégies implicites.

Voici un exemple précis : Je me souviens d'un dîner à l'ambassade de Suisse à Bogota. C'était en 1971. L'ambassadeur, Étienne Serra, homme intelligent, peu conventionnel, devait, ce jour-là, recevoir à sa table les dirigeants de la « colonie suisse ».

---

1. Ce qui est plus inquiétant encore, c'est que l'étranger ratifie généralement cet état de fait en reproduisant complaisamment l'image déformée de la Suisse que l'oligarchie lui propose. La bibliographie française concernant la Suisse — quelques très rares exceptions mises à part — en témoigne.

2. Exemple : Sa vision des relations interculturelles; cf. R. Preiswerk, et D. Perrot, *Ethnocentrisme et Histoire*, Éd. Anthropos, 1975.

L'expression est en elle-même révélatrice. Il y avait là un Basque vif et combatif, directeur général de Nestlé en Colombie, un Suisse alémanique du modèle courant, représentant en Colombie de l'Union de banque suisse et président de l'École suisse, et un certain nombre de philanthropes encaissant des fortunes considérables sur le dos du peuple colombien. Il y avait aussi d'autres convives : le distingué gouverneur de Bogota, sa femme, belle et vive, un sénateur débile, et j'en passe. Sujet du débat : le Pacte andin. L'accord qui venait d'être signé entre les pays andins prévoyait notamment qu'au maximum 14 % des profits (annuels et indexés) réalisés dans l'un des pays signataires du pacte pouvaient désormais être rapatriés en Europe ou en Amérique du Nord. Les redevances pour les brevets, et, à plus forte raison, les transferts silencieux (c'est-à-dire les transferts qui s'opèrent par le jeu de factures manipulées) n'étaient pas compris dans ce chiffre. Indignation! Protestations! Vertu offensée! Toutes les munitions qu'offre l'arsenal de la mauvaise foi furent tirées ce soir-là : « La Suisse est lésée », « la Suisse n'admettra jamais », « après tout ce que la Suisse a fait pour cette pauvre Colombie... » etc. Le plus drôle, c'est que les dirigeants *étrangers* de sociétés multinationales immatriculées par hasard en Suisse se montraient les plus violents dans la défense des intérêts supérieurs de la Confédération! Pas un instant il ne fut possible de dissocier les deux plans de réalité : le premier, le plus évident, par lequel une société bancaire ou industrielle travaillant à partir de Zürich ou Vevey se trouvait, par décision très raisonnable d'un État souverain (la Colombie), limitée tant soit peu dans les transferts de profits énormes qu'elle réalise année après année; et le deuxième plan, beaucoup moins évident, où devait se situer l'hypothétique intérêt de la Confédération helvétique dont l'un des buts avoués est pourtant de promouvoir le développement autonome des pays dominés.

Or, telle fut et telle est la force de la violence symbolique qu'à aucun moment de cette longue nuit je ne fus capable de faire

admettre à mes interlocuteurs que l'intérêt de Nestlé ou de l'Union
de banque suisse n'était pas, par définition, identique à l'intérêt
collectif du peuple suisse et que, pour être tout à fait franc,
l'expérience séculaire de notre pays prouvait que les deux
intérêts étaient même totalement antagonistes. Peine perdue.
Il n'est pas possible de discuter avec un directeur de Nestlé-
Colombie de ses choix d'investissements (choix stratégiques) ni
de sa politique des prix de vente (choix tactiques), puisque le
système symbolique de la société politique (la Confédération
suisse) à laquelle il s'identifie, fait de la maximalisation du
profit individuel sinon une valeur centrale, du moins une règle
économique « naturelle ».

Autre exemple : il illustre la confusion habilement organisée
par les officines idéologiques des banques d'affaires suisses
entre la stratégie financière de ses empires bancaires et le pays
où, pour des raisons fiscales, ils maintiennent leur quartier
général. Le *Time-Magazine* du 24 juin 1974 publie sur une pleine
page cette annonce : « *More Swiss than swiss : Crédit suisse,
your swiss bank*[1]. » Cette publicité est non seulement idiote, mais
elle est humiliante pour tout citoyen suisse qui, malgré lui, se
trouve ainsi associé à une stratégie d'exploitation commerciale
qu'il condamne. A New York, au cœur de Manhattan (5e avenue
et 49e rue) se dresse la « Maison suisse ». Une seule et immense
salle réunit les services de Swissair, de l'Office du tourisme suisse...
et de la Société de banque suisse. Une unique et immense affiche
lumineuse (SWISSAIR / SWISS TOURIST OFFICE / SWISS BANK
CORPORATION) projette dans la nuit new-yorkaise le mensonge
d'une identité d'intérêts et de projets entre l'empire bancaire
et l'État helvétique. La Société de banque suisse utilise, dans

1. Le fait n'est évidemment pas propre à la Suisse. Écoutons Marx : « Dès
leur naissance les grandes banques, affublées de titres nationaux, n'étaient que
des associations de spéculateurs privés s'établissant à côté des gouvernements... »,
in *le Capital*, 8e section, *Œuvres complètes*, op. cit., p. 1217.

la publicité qui paraît dans la presse américaine, une stratégie toute comparable. Son annonce favorite : « *Swiss, Swiss Bank, Swiss Bank Corporation* », le tout imprimé au-dessus de deux têtes de Suisses pensifs et grotesques. Il existe une loi fédérale sur l'usage abusif du nom « suisse », des armoiries suisses. Le gouvernement ne l'applique pas. Bref, la permanence temporelle, la cohérence interne et l'extrême violence potentielle du sur-moi collectif font qu'il existe aujourd'hui plus qu'une idéologie dominante servie par les armes de la violence symbolique : une véritable *mentalité suisse*[1].

Revenons à la violence symbolique : la démarche centrale de tout système de violence symbolique consiste à interdire que ne se créent les conditions d'une opposition qualitative. « *Pourvu que je ne parle en mes écrits ni de l'autorité, ni du culte, ni de la politique, ni de la morale, ni des gens en place... ni de personne qui tienne quelque chose, je puis tout imprimer librement sous l'inspection de deux ou trois censeurs.* » A cette tirade du *Figaro* de Beaumarchais, le cri du cœur d'un authentique écrivain de droite, châtelain de Fribourg, fait écho : « *Je sais par expérience à quoi l'on s'expose lorsqu'on veut exprimer librement sa pensée dans ce pays de liberté*[2]. » Gonzague de Reynold et Beaumarchais expriment avec amertume et ironie ce que le vocabulaire de la classe politique helvétique désigne par ces deux vocables anodins : « *la critique positive* » et « *la critique négative* ». La critique

---

1. Je suis persuadé qu'on ne peut comprendre cette « mentalité » sans le recours au concept clé de lutte de classes appliqué aux plans national et international. D'où mon désaccord avec des ouvrages aussi documentés et sérieux que : J.F. Aubert, *Précis constitutionnel de la Suisse*, Éd. Franke, 1974; G. A. Chevallaz, *La Suisse ou le Sommeil du juste*, Payot, 1967; A. Siegfried, *La Suisse, démocratie-témoin*, Éd. de la Baconnière, 1969, 4e éd.; J. Rohr, *La Suisse contemporaine*, A. Colin, 1972; G. Sauser-Hall, *Guide politique de la Suisse*, Payot, 1965. Pour une littérature plus vigoureusement critique, cf. notamment : Ph Secrétan, *Plaidoyer pour une autre Suisse*, postface de Jean-Claude Favez, Éd. l'Age d'homme, 1973; H. Tschäni, *Profil de la Suisse*, Éd. Spes, 1968; D. de Rougemont, *La Suisse, Histoire d'un peuple heureux*, Hachette, 1965; L. Boltanski, *Le Bonheur suisse*, Éd. de Minuit, 1966.
2. Gonzague de Reynold, préface, *Billet à ces Messieurs de Berne*, Éd. de la Baconnière, Neuchâtel, 1939.

positive est admise, elle désigne l'exercice de la contestation dans les formes et sur des sujets désignés d'avance par l'ordre établi; en bref, elle est prévue par le système. Quiconque, par contre, ne se contente pas de l'exercice de l'opposition rituelle — autrement dit, quiconque conteste une institution ou une conduite dont le maintien est indispensable à l'exercice autocratique du pouvoir réel par l'oligarchie impérialiste — est frappé d'anathème. Le pouvoir oligarchique bénéficie d'un tabou.

Si un député le viole, il se heurte à une répression sociale subtile et multiforme : il est d'abord taxé de manque de « sérieux », ses analyses sont tenues pour « excessives ». Rapidement, le régime cherchera à le discréditer personnellement par des calomnies savamment entretenues, par la diffamation organisée. Ceci est arrivé par exemple à Arthur Villard, socialiste et pacifiste, conseiller national.

Anonymes ou connus, courageux pendant toute une existence ou téméraires quelques instants seulement, des centaines de citoyens et citoyennes (pour ne pas parler des réfugiés politiques et des travailleurs étrangers) ont appris et apprennent quotidiennement ce qu'il en « coûte », en Suisse, pour reprendre les termes de Gonzague de Reynold, d'articuler ou d'incarner dans les actes une « critique négative ».

2. Le fidéisme en Suisse

PEACHUM :
Être bon, qui ne le voudrait ?
Mais sur cette triste planète,
Les moyens sont restreints, l'homme est brutal et bas.
Qui ne voudrait, par exemple, être honnête ?
Les circonstances ne s'y prêtent pas.

BERTOLT BRECHT
L'Opéra de quat'sous

Les choses ne sont pas simples. Une subtile dialectique
lie le domaine du normal à celui du pathologique. La conduite
« normée » ne s'oppose pas simplement à la conduite « déviante ».
Les deux sont liées par un rapport antinomique complexe et
constamment réversible. En Suisse, l'opposant est d'abord le
gêneur, celui qui interrompt la célébration du culte; le mécréant,
brusquement, déchire le voile, révélant ainsi une réalité qui, justement, était destinée à rester masquée. Serge Golowin, écrivain
original et député au Grand Conseil (parlement cantonal) de
Berne, dit : « L'opposant est l'anabaptiste, l'homme qui sur la
place de Münster en Westphalie clame à la face des puissants
qu'ils sont pécheurs et que le monde va finir [1]. » Il est toléré pour
autant qu'il apparaît à heures fixes sur une place qui lui est réser-
vée et à condition qu'il articule lui aussi des paroles rituelles
prévues par ceux qui l'entendent. Mais, dès qu'il se met à péné-
trer les institutions, dès qu'il veut lui-même accéder aux instances de décision, témoignant ainsi d'un projet imprévu et échappant

1. Entretien avec Serge Golowin, 1973.

au contrôle social, il devient tout simplement dangereux, et il sera brûlé. Comme Münzer[1].

Mais, paradoxalement, au fond d'eux-mêmes, les puissants savent bien qu'ils sont pécheurs. Aussi solides, aussi éprouvés et efficaces que soient les mécanismes d'évacuation et de refoulement des évidences négatives que leur propre conscience développe tout au long d'une pratique inavouable, certains banquiers d'affaires, trafiquants d'armes, hommes politiques qui les couvrent, savent parfaitement que des centaines d'enfants meurent toutes les semaines de leurs œuvres en Bolivie, en Éthiopie, au Bangladesh. L'anabaptiste est alors perçu sur le mode *fidéiste*.

Je m'explique. Thomas d'Aquin désigne par fidéisme l'adhésion à des idées qui sont reconnues justes mais dont, au même instant, le sujet épistémique — c'est-à-dire le sujet qui reçoit, assimile et ratifie ces idées — postule le caractère irréalisable[2]. L'opposition qualitative au consensus fédéral est perçue par l'oligarchie impérialiste et les bureaucraties électorales qu'elle finance comme une menace directe non seulement contre leur projet politique, mais encore contre leur propre existence. Sur cette opposition se fixent dès lors toutes les valeurs négatives de la société officielle. Le rejet est brutal, sans appel. Mais, au niveau de la perception infraconceptuelle, d'étranges mutations s'annoncent : le protestataire condamné est porteur de message et ce message sème le doute. Et si le protestataire, au fond, *in abstracto* et hors du domaine du réalisable, c'est-à-dire de l'actuel possible, avait quand même raison ? De cette fissure naît la perception *fidéiste*.

Je vais en citer quelques exemples. Les deux premiers relèvent de mon expérience parlementaire, le troisième analyse les modes de la perception fidéiste dans la grande presse bourgeoise.

---

1. Thomas Münzer, chef des anabaptistes, décapité en 1525, cf. E. Bloch, *Thomas Münzer als Theologe der Revolution*, éd. française coll. « Lettres Nouvelles », Julliard.
2. Pour une exégèse de la pensée de Thomas d'Aquin, cf. M.D. Chenu, *St Thomas d'Aquin et la Théologie*, Éd. du Seuil, 1963.

Premier exemple : Berne, un sombre matin de novembre 1969. Je suis dans le bureau orné de sculptures contemporaines du conseiller fédéral Nello Celio, vigoureux petit bonhomme jovial et vif, ministre de Finance de la Confédération. Temps de rencontre prévu : quinze minutes. Je resterai dans ce bureau pendant trois heures et demie. Discussion passionnante : le thème en est le postulat que je m'apprête à déposer au Parlement sur la lutte contre le capital en fuite en provenance des oligarchies des pays dépendants [1]. Celio est d'accord. Le problème du capital en fuite, de ce sang des peuples pauvres qui reflue vers les banques helvétiques, le préoccupe profondément. Il dit que cette opération, en particulier, est cause de la misère, de la faim, de la mort de tant d'hommes vivant précairement à la périphérie du monde industriel. Je lui demande :

— Vous acceptez donc mon postulat?

— Non, si je l'acceptais conformément à mes convictions, ce même argent irait à Monaco ou aux îles Bahamas!

Le postulat fut bien sûr rejeté par le Conseil fédéral et par le Parlement [2].

Deuxième exemple : le régime raciste d'Afrique du Sud incarne une politique et une vision de l'homme qui sont diamétralement opposées aux convictions de la quasi-totalité du peuple suisse. La Suisse est le 2e investisseur étranger au pays de l'apartheid. Les investissements directs des sociétés commerciales, industrielles et financières suisses en Afrique du Sud se sont accrus de 100 millions de francs suisses en 1956 à 1 300 millions en 1971! Les emprunts en francs suisses de l'Afrique du Sud sur le marché international des capitaux s'élèvent jusqu'ici à 2,265 milliards de francs suisses. Les exportations qui, en 1962, étaient de

1. J. Ziegler, *Dépôts bancaires provenant de pays en voie de développement*, postulat n° 178/10328, Conseil national.
2. Bulletin sténographique CN 30 septembre 1970, p. 240 *sq.*

102 millions de francs, s'élevaient en 1972 à 330 millions de francs suisses. 80 % de l'or vendu par l'Afrique du Sud sur le marché libre passent par Zürich [1].

Lors de la 38e législature des Chambres, un conflit éclate. Les Nations unies convoquent la Conférence internationale des droits de l'homme à Téhéran. La Suisse s'y fait représenter par un homme remarquable, ancien haut-commissaire des Nations unies pour les réfugiés, l'ambassadeur Auguste Lindt. Le discours qu'il prononce est courageux; il dit notamment : « Le peuple suisse condamne la politique de l'apartheid telle qu'elle est pratiquée en Afrique du Sud. » Tempête au Parlement : le conseiller national Paul Eisenring accuse l'ambassadeur d'avoir transgressé ses instructions! Il demande qu'il soit désavoué par le gouvernement [2]. Le ministre des Affaires étrangères trouve une réponse astucieuse : le soutien à l'apartheid sud-africain est contraire à la volonté, aux convictions du peuple suisse, mais le gouvernement fédéral ne doit pas troubler les bonnes relations entre la Suisse et l'Afrique du Sud. Pour une raison simple : « Si ce n'est pas la Suisse qui finance l'Afrique du Sud, ce sera forcément quelqu'un d'autre! »

Troisième exemple : la *Neue Zürcher Zeitung* est la voix la plus fidèle du capital hégémonique en Suisse. Grâce à la position dominante de ce capital dans plusieurs régions du monde, la *Neue Zürcher Zeitung* jouit d'un prestige international certain dans les milieux d'affaires de droite. Ajoutons que, d'un point de vue purement instrumental, le journal est bien fait [3].

---

1. Chiffres in *Suisse-Afrique du Sud*, ouvrage publié par le Centre Suisse/Tiers Monde, Genève 1973. Pour l'émigration massive de techniciens suisses vers l'Afrique du Sud, la Namibie et la Rhodésie, cf. *les Nouveaux Mercenaires*, édité par le Mouvement anti-apartheid, Genève, 1975.
2. Bulletin sténographique du Conseil national, séance du 13 juin 1968.
3. Marcel Beck, professeur d'histoire nationale à la faculté de Zürich, dit : « La NZZ exerce une censure moyennant la classification des informations », *der Spiegel*, 1975.

Voici une illustration de la manière dont la NZZ traite l'information : Un scandale fit le tour de la presse mondiale en 1972.
La société multinationale Alusuisse, aidée par des spéculateurs
australiens, était en train de chasser de leurs terres d'origine
les familles autochtones (« aboriginals », dans la terminologie
officielle) de l'intérieur de l'Australie[1]. Ces terres contiennent
de la bauxite. Les agissements d'Alusuisse furent dénoncés
par le conseil mondial des Églises et par de nombreuses associations civiles et religieuses d'Angleterre, d'Australie et de
Suisse. Alusuisse fut soutenue par une intense campagne
de presse menée par la *Neue Zürcher Zeitung*. L'argument
du journal : les aborigènes sont des gens parfaitement heureux,
le projet industriel les rend plus heureux encore; c'est la gauche
européenne qui veut faire croire à leur malheur. Alusuisse
eut gain de cause. Or, un an après, le 27 mai 1973, la *Neue
Zürcher Zeitung* publiait sur une page et quart, avec de grandes
et éloquentes photos, une analyse intelligente et détaillée de
la misère des aborigènes et de leur exploitation par les trusts
industriels australiens et étrangers. Cet article[2] constitue la
meilleure analyse du sujet qui ait paru dans la presse européenne

---

1. Depuis 1969, Alusuisse participe (avec 70 %) à la « Joint Venture Gove »,
projet d'exploitation de la bauxite dans le nord de l'Australie. Dans une première
étape, le consortium produira 500 000 tonnes d'alumine par an. Celle-ci sera
ensuite transformée en aluminium dans les différentes usines du groupe, en Europe,
en Islande, aux États-Unis et en Afrique du Sud. La seconde étape prévoit un
doublement de la production. L'investissement total s'élève à 1,5 milliard de
francs suisses. Alusuisse participe à 50 % à la société Nabalco, qui surveille la
réalisation du projet Gove et entreprend de mettre en valeur 8 000 km² de forêts
de la région. En 1931, ce territoire avait été constitué en « réserve » pour l'usage
du peuple des Yirrkalas qui habite la région depuis au moins un millier d'années.
Le gouvernement australien accorda, sans même consulter les Yirrkalas, une
concession de quatre-vingt-quatre ans au groupe industriel austral-suisse. Les
Yirrkalas attaquèrent alors en justice Nabalco et le gouvernement qui faisaient
fi des droits fonciers accordés en 1931. Mais les Yirrkalas ont perdu leur procès.
Motif : il ne suffit pas, pour avoir un droit sur la terre, d'y habiter, il faut encore
la mettre en valeur (sous-entendu : selon les modes de production capitalistes).
(Cf. dossier établi par le *Conseil mondial des Églises*, Genève, 1972.)
2. E. Haubold, « Die Not der schwarzen Australier », *Neue Zürcher Zeitung*,
n° 242, éd. pour l'étranger, 27 mai 1973, p. 5 et 6.

à ce jour. Conclusion : deux réalités complémentaires — arrivée d'Alusuisse, déchéance des aborigènes — sont rapportées avec précision. Cependant, le journal refuse obstinément d'établir la relation causale entre les deux faits.

Le régime oligarchique à rituel républicain qui gouverne encore la Suisse règne donc par la violence symbolique. Autrement dit : l'oligarchie agit masquée. Mais ce masque résiste-t-il aux assauts de la réalité ? Les premières fissures apparaissent aujourd'hui. Je formule cette remarque personnelle : par rapport à la tranquille arrogance de l'idéologie dominante, le fidéisme constitue un progrès. La démarche des puissants progresse toujours et encore sur le chemin du mépris, mais elle devient hésitante, elle achoppe, perd de son assurance. Les progrès de la lutte de classe et de la lutte anti-impérialiste, les combats théoriques que ces luttes impliquent, contribuent à mettre à nu les contradictions objectives et les mensonges de l'idéologie dominante. Ces combats constituent donc une contre-violence qu'il s'agit à tout prix de développer. Si j'ai dit que le fidéisme constitue un progrès, c'est parce qu'il représente le dernier recours — dans le cadre du système du consensus — de l'oligarchie suisse pour expliquer de manière cohérente sa pratique. Or, nous l'avons vu à l'aide de multiples exemples tirés des domaines les plus divers de la pratique sociale de l'oligarchie : cette tentative fidéiste, elle aussi, est aujourd'hui tout près d'échouer. L'incohérence est à son comble. Reste à l'oligarchie impérialiste secondaire suisse le recours à une idéologie néo-fasciste et/ou à une idéologie technogestionnaire privée de la médiation d'un certain nombre de valeurs morales, et par conséquent plus brutale.

3. La colonisation de la classe politique autochtone

« La démocratie libérale est la forme de gouvernement de la bourgeoisie quand elle n'a pas peur, le fascisme quand elle a peur », dit Ernesto Che Guevara. La bourgeoisie suisse, pour l'instant, n'a pas peur. Formellement, la Confédération helvétique et les 22 États-membres qui la composent actuellement sont organisés sur le modèle de la démocratie libérale [1].

Le terme « libéral » désigne une étape précise dans l'histoire des idées constitutionnelles en Europe : la plupart des constitutions des États-membres de la Confédération datent du milieu du XIXe siècle; elles formalisent l'idéologie de la nouvelle bourgeoisie industrielle, bancaire et marchande qui, sous couvert de guerres de religions, de conflits d'idées, et appuyée sur les révoltes populaires nées des conflits sociaux, chassa du pouvoir l'ancienne oligarchie patricienne déjà fortement affaiblie par l'occupation napoléonienne et par ses propres contradictions. La phase de la lutte des classes qui se termine avec la victoire de la bourgeoisie capitaliste marchande commence pratiquement avec le départ de Genève des troupes d'occupation françaises en 1814 (libération de Genève par les troupes confédérées) et se termine avec l'acceptation par le peuple et la majorité des États-membres de la deuxième constitution fédérale de 1874.

1. Grâce au combat de libération et de conquête d'indépendance conduit par le rassemblement jurassien, un 23e État-membre est en train de naître. Le nouvel État est essentiellement constitué par les anciens districts francophones du nord occupés par l'État de Berne dès 1815. Le vote fédéral pour l'admission de cet État du Jura dans la Confédération est prévu pour 1978.

Avant d'analyser les institutions du gouvernement visible et leur colonisation par l'oligarchie, examinons les forces politiques qui sous-tendent le système institutionnel. La Confédération helvétique est gouvernée par une alliance entre partis politiques dont l'histoire, la genèse sociale et l'idéologie sont souvent anciennes. Pourtant, aucun de ces partis n'exprime un mouvement social unifié tel que l'entend Alain Touraine[1]. Les partis sont essentiellement des fédérations nationales de groupements et de partis locaux et cantonaux plus ou moins liés entre eux. Ces partis, à l'exception du parti socialiste et du parti du travail (communiste), sont essentiellement des bureaucraties greffées sur des réseaux électoraux et utilisant le langage désormais ritualisé des conflits sociaux vécus au XIXe et durant les trente premières années du XXe siècle. Ce sont le parti socialiste et le parti du travail, dont l'histoire se confond avec celle du mouvement ouvrier et de l'Internationale ouvrière, qui restent, en dépit de tendances bureaucratiques de certains segments de leur organisation, le lieu d'expression des luttes et le moteur d'une mobilisation populaire possible[2].

La coalition des partis représentés actuellement au conseil fédéral et qui gouvernent l'assemblée fédérale est composée des partis démocrate-chrétien, radical-démocrate, social-démocrate et agrarien (appelé Union du centre). La Suisse compte au total 29 partis. Environ trois millions de citoyens et de citoyennes bénéficient du droit de vote, 10 % d'entre eux seulement se réclament d'un parti. Parmi ces partis, dix ont une dimension nationale, mais six seulement exercent une influence réelle dans tout le pays ; trois sont présents dans chacun des 22 cantons.

1. A. Touraine, *La Production de la société*, Éd. du Seuil, 1973, p. 34 *sq.*
2. D'autres formations communistes et socialistes telles que la ligue marxiste-léniniste (trotskiste), le parti marxiste-léniniste suisse (maoïste), Progressistische Organisationen der Schweiz (POCH), le parti socialiste autonome du Tessin (PSA), disposent d'un pouvoir de mobilisation important dans la jeunesse.

Il n'existe pas de parti majoritaire au sens précis du terme. Chacun des trois grands partis — démocrate-chrétien, radical, social-démocrate — obtient régulièrement, sur le plan fédéral, environ 20 % des voix. La capacité de mobilisation de ces partis est pratiquement nulle. Partout dans le pays, des assemblées générales statutaires, organisées par les partis, rassemblent des groupes de 50, 100, parfois 200 personnes. Hormis quelques retraités, personne ne semble plus vouloir se déplacer pour entendre un discours politique dans un préau d'école. La participation aux « votations » ne cesse de baisser : jusqu'en 1972, le record de l'abstention était de 67,2 %; il datait de 1919, année où 32,8 % des inscrits seulement s'étaient déplacés pour décider des dispositions transitoires concernant les élections au conseil national et au conseil fédéral. Ce record a été battu par la votation de juin 1972 portant sur deux arrêtés de signification pourtant exemplaire (arrêté sur la construction et arrêté sur la sauvegarde de la monnaie) : 25,8 % seulement des inscrits se sont dérangés.

Pour comprendre l'actuel parallélogramme des forces politiques formelles en Suisse, un rappel historique est nécessaire. La Confédération a connu une très courte période d'organisation démocratique et égalitaire : de l'alliance fondatrice, en 1291, entre les communautés paysannes des vallées des Alpes centrales, Uri, Schwytz, Unterwald — conclue pour résister à la domination coloniale autrichienne sur les routes des cols, notamment du Saint-Gothard — jusqu'à la naissance des classes commerçantes urbaines au milieu du XIVe siècle. Dès la conclusion du pacte de fondation d'août 1291, les communautés paysannes des vallées organisent une guerre de guérilla. Les châteaux, maisons fortes et bastions des baillis des ducs de Habsbourg, érigés dans les vallées tout au long des routes d'accès aux cols, sont incendiés. En 1302, un des paysans insurgés, du nom hypothétique de Guillaume Tell, abat, pour des raisons politiques autant que pour défendre sa propre famille, le plus connu des baillis étrangers, Gessler. Un mythe est né qui a nourri la littérature nationale du xixe siècle : « Le pouvoir est au bout de l'arbalète »; « Un seul seigneur : le paysan libre sur sa terre »... En 1315, l'empereur envoie un corps expéditionnaire. L'armée autrichienne, équipée de l'armement le plus moderne, c'est-à-dire d'une avant-garde de chevaliers en armures, de contingents d'arbalétriers et d'archers, surgit à l'extrémité nord du lac d'Aegeri. Elle est chargée d'étouffer la révolte des vallées. Près du hameau de Morgarten, étroit passage routier qui, sur 1 km environ, est bordé de marais d'un côté, de falaises abruptes et boisées de l'autre, les insurgés — hommes, femmes et enfants — attendent. L'armée autrichienne débouche. Elle est écrasée par des troncs d'arbres, des blocs de pierre, des torches enflammées lancés du haut des falaises. Les survivants sont achevés à la faux et jetés dans les marais. Depuis Morgarten et jusqu'à Napoléon, aucune armée étrangère ne pénétrera plus dans les vallées.

A l'abri de cette paix, les nouvelles classes dominantes s'organisent. Des aristocraties locales se constituent à partir de l'accumulation primitive du capital commercial, rendue possible en raison du contrôle exercé sur les voies alpestres de transit nord-sud. Les classes dominantes naissantes ne pratiquent guère l'investissement local. Les vallées restent pauvres, la famine sévit. Afin de résoudre les problèmes que pose la surpopulation menaçante de cette terre aride dont aucun investissement public ne vient augmenter le rendement, les chefs des familles régnantes trouvent une solution originale : ils vendent leurs compatriotes aux gouvernements étrangers!

Le mercenariat a des causes complexes : il constitue d'abord une source de profit rendue possible par l'inemploi ou le sous-emploi chronique d'une large partie de la population campagnarde. Il est ensuite un moyen de promotion sociale pour le mercenaire lui-même (et celui qui le commande), sa force de travail se trouvant fortement valorisée sur le marché international. Mais le mercenariat reste inintelligible hors de la référence au monde féodal. Le système féodal a permis la conscription des sujets; les sujets « loués » à un souverain étranger permettent de réaliser, en sus des profits monétaires souvent élevés, des alliances prestigieuses avec des souverains puissants. Bref, pour les classes dominantes de l'ancienne Confédération, le mercenariat est l'instrument principal de leur politique étrangère. Les fils « excédentaires » des familles pauvres des montagnes de Suisse centrale meurent donc pour défendre les intérêts du roi de France, des ducs d'Italie, des empereurs allemands et, en masse, pour le Saint Pontife à Rome (notamment lors du sac de ses trésors en 1527). Vers la fin du xviiie siècle, 70 000 Confédérés et sujets des baillages de la Confédération sont incorporés en permanence dans des armées étrangères. 80 généraux vendent ces hommes au plus offrant et pour la promotion des guerres les plus cyniques. Voici un exemple des rapports de classes existant à l'intérieur de ces régiments-mercenaires :

> Le 31 août 1790, le régiment Lullin de Châteauvieux, commandé par un officier genevois mais recruté principalement dans le pays de Vaud, se mutinait à Nancy. La sédition n'était pas, à proprement parler, politique, elle avait pour cause principale le retard dans le paiement de la solde. Mais les cantons y virent une grave atteinte à l'honneur du nom suisse; le conseil de guerre des régiments de Castella (Fribourg) et Vigier (Soleure) se montra d'autant plus impitoyable qu'il s'agissait d'un contingent d'un pays-sujet. Il voulut faire un exemple terrifiant. L'un des meneurs fut roué, 22 hommes furent pendus, 41 envoyés aux galères du roi à Toulon et les autres exclus à tout jamais de la Confédération [1].

---

1. La mutinerie du régiment Lullin donna naissance à un curieux incident : une partie des soldats condamnés aux galères passèrent, fers au cou, par les rues de Paris. Ils furent libérés par la foule. Durant cette fête spontanée, des Parisiens se coiffèrent du bonnet des galériens. Ce bonnet, appelé « bonnet phrygien », deviendra le symbole de la République à venir ! (Cf. W. Martin, *Histoire de la Suisse*, Payot, Lausanne.)

Cette déportation semi-volontaire des paysans excédentaires ne rapportait pas seulement beaucoup d'argent aux familles régnantes mais leur permettait également de participer avec ruse et profit aux jeux complexes de la politique internationale. La Confédération des trois vallées originelles s'était entre-temps élargie. De nouveaux États, fédérations territoriales de communautés paysannes, évêchés ou cités fortifiées, s'étaient joints à l'Alliance. A la suite d'une série de conflits territoriaux, de marchandages et de menaces externes, la Confédération des trois devint une Confédération des huit entre 1315 et 1400, puis elle s'agrandit de cinq nouveaux États entre 1401 et 1516. Coup d'arrêt en 1515 : à Marignan, les armées mercenaires suisses sont écrasées.

La décision de ne plus mener désormais de politique étrangère agressive n'est pas volontaire : la Confédération entre dans une longue période de déchirements internes. Quatre ans après Marignan, un obscur aumônier des troupes suisses de la plaine du Pô se met à prêcher la Réforme à Zürich. Ulrich Zwingli est écouté, le puissant État urbain de Zürich se convertit à la religion nouvelle. Berne suit. La Réforme, marquant la liquidation de la féodalité théocratique par les classes bourgeoises des villes avec l'appui casuel des classes paysannes pauvres, progresse et s'étend partout en Europe. En 1536, Genève chasse son « Prince-évêque » et proclame la République. Calvin y enracine la Réforme. Homme d'État de grande classe, il dirige contre son ennemie voisine, la Savoie, ses nouveaux alliés protestants de la Confédération suisse. Le général des armées bernoises, Hans Franz Nageli, envahit les territoires catholiques de la Suisse occidentale, occupe le pays de Vaud, le Chablais, le Bas-Valais et y instaure la religion de « leurs Seigneureries de Berne ». Jusqu'à l'avènement de la Révolution française et au-delà, les guerres, conflits et intrigues entre les États-membres catholiques et les États-membres réformés ne cessent de déchirer la Confédération.

Il y aurait beaucoup à dire sur l'accumulation primitive du capital dans la Confédération pré-révolutionnaire. Exemples : après la révocation de l'Édit de Nantes, le rôle de la banque protestante de Genève dans la gestion des capitaux en fuite revêt une importance extraordinaire [1]. A Zürich, la nouvelle classe dominante se lance dans le négoce de la soie et du coton. A Berne se constitue le premier trésor d'État de la Confédération. L'agriculture suisse compte, au xviiie siècle, 740 000 têtes de gros bétail, chiffre supérieur à celui de 1970 si on le met en rapport avec celui de la population totale. Dès le xviiie siècle, 30 000 quintaux de gruyère sont exportés tous les ans en France. L'élevage du cheval est intense et plusieurs armées d'Europe s'approvisionnent exclusivement auprès des éleveurs suisses. Bref, bien que des données précises ne soient pas disponibles pour tous les secteurs, il est évident que les classes dominantes de la Suisse pré-industrielle pratiquent une forte accumulation primitive du capital [2].

La révolution parisienne sert de révélateur aux contradictions qui habitent la Confédération : tandis que les paysans lucernois, mercenaires du roi de France, meurent aux Tuileries, le banquier Necker organise la fuite des capitaux des aristocrates français vers Genève et Londres. L'arrivée de Napoléon marque la fin de l'ancien régime patricien. Celui-ci revient une dernière fois au pouvoir après le départ des troupes d'occupation françaises en 1814, mais cette classe est épuisée et la bourgeoisie marchande et industrielle, animée d'idées égalitaires et démocratiques longtemps réprimées, prend le contrôle des cantons l'un après l'autre. Une dernière guerre idéologique (mi-religieuse, mi-politique) a lieu en 1847 : les États-membres de la Confédération, sous gouvernements laïques et centralisateurs, combattent les cantons catholiques sous gouvernements conservateurs et fédé-

---

1. H. Luthy, *La Banque protestante en France*, op. cit., notamment vol. II, *Dispersion et Regroupement 1685-1730*.
2. W. Martin, *op. cit.*

ralistes. **La réaction** est vaincue et l'État confédéral proclamé en 1848.

Historiquement, l'actuelle bureaucratie électorale radicale est l'expression de la nouvelle bourgeoisie urbaine, le parti libéral, celle du patriciat déchu, et le parti démocrate-chrétien celle du paysannat et de la bourgeoisie catholiques. Mais, j'insiste sur ce point, aucun de ces partis n'est plus aujourd'hui l'expression d'un mouvement social : ce sont des appareils électoraux, gestionnaires de prébendes politiques et habiles manipulateurs de conflits sociaux authentiques. Ils ne disent plus rien sur le pays réel, sauf la déchéance d'un système politique admirable à ses débuts.

Le mouvement ouvrier et son expression politique, les partis socialiste et du travail, ont une genèse et un destin différents. La nouvelle bourgeoisie urbaine, capitaliste et marchande qui, grâce à l'industrie naissante et au rapide développement d'un secteur tertiaire dans les villes, réussit à partir du milieu du XIXᵉ siècle à s'installer au pouvoir dans 16 États sur 22 (et qui, jusqu'en 1874, domine de façon presque exclusive les instances fédérales) se trouve contestée, à partir de 1840, par un puissant mouvement ouvrier. Quelques chiffres [1] : lors de la prise du pouvoir politique par la nouvelle classe dominante, le prolétariat industriel est encore peu nombreux, mais sa conscience de classe est vive et le secteur économique qu'il anime est d'importance. En 1850, 4 % seulement de la population active travaille en fabrique. Or, le prolétariat industriel — c'est-à-dire la classe où s'enracine objectivement le mouvement ouvrier, où naît sa conscience subjective de classe — dépasse très largement les travailleurs des fabriques. Les principales industries de l'époque, les textiles et l'horlogerie, qui, dès 1840, assurent près de 80 % des exportations du pays, produisent selon un système mixte : travail en usine et travail à domicile. En 1850,

1. Les chiffres sur la naissance de l'industrie suisse sont empruntés à J.F. Bergier, *Naissance et Croissance de la Suisse industrielle*, Éd. Franke, Berne, 1974.

on compte plus de 350 000 hommes, femmes et enfants — soit 32,5 % de la population active — qui, dans des conditions de salaire et de travail misérables, travaillent pour l'industrie à domicile, aux ateliers, sur les chantiers, à plein temps ou « en saison ». De plus, ce prolétariat industriel est concentré dans des régions déterminées : l'industrie du textile entre le lac de Constance et le lac de Zürich, l'horlogerie à Genève et dans le Jura. A partir de 1850, les deux secteurs connaissent un développement rapide. Entre 1843 et 1856, le nombre des broches pour la filature du coton passe de 660 000 à 1,15 million, soit une augmentation de 74 %. La concentration du capital et les premiers indices de monopolisation apparaissent. Malgré le développement rapide de la production, le nombre des entreprises reste pratiquement stable : 131 en 1843, 136 en 1856. Mais c'est l'horlogerie qui va changer l'histoire sociale du prolétariat suisse. L'ouvrier Georges Leschot invente en 1839 un certain nombre de machines-outils ingénieuses; deux capitalistes genevois, Vacheron et Constantin, décident d'exploiter le génie de l'ouvrier : ses machines permettent de produire rapidement et en série des pièces interchangeables. Le travail à domicile disparaît. Le prolétariat horloger afflue dès lors vers les ateliers.

Première étape de l'organisation du mouvement ouvrier : 1864, fondation de l'Internationale. 1866 : premier Congrès à Genève. Karl Marx affronte Bakounine. L'appui des fédérations jurassiennes va aux thèses anarchistes.

Deuxième étape : 1868, la première grande grève éclate en Suisse, à Genève.

Troisième étape : fondation de l'Union socialiste à Zürich, en 1870.

Quatrième étape : 1888, création du parti socialiste suisse.

Cinquième étape : grève générale écrasée par la troupe, en 1918.

Sixième étape : 1919, scission du parti socialiste, naissance du parti communiste.

Septième étape : en 1937, les syndicats de la métallurgie

signent avec les patrons de cette industrie une trêve de durée indéterminée, soumettant la grève à une procédure d'arbitrage préalable. Cet accord, appelé « accord sur la paix du travail », est encore en vigueur aujourd'hui. Il inaugura le reflux provisoire du mouvement ouvrier en Suisse et sa phase actuelle de collaboration partielle avec la bourgeoisie nationale et l'oligarchie impérialiste.

Examinons maintenant les institutions et le fonctionnement du gouvernement « visible » :

Le Parlement fédéral[1], clé de voûte du système, est constitué par deux chambres d'égale importance politique puisque aucune loi, aucun arrêté fédéral ordinaire ou arrêté fédéral urgent n'entre en vigueur sans avoir été débattu par chacune d'elles. Tous les conseillers de l'une ou l'autre chambre possèdent les mêmes droits, principalement le droit de suggérer et de faire adopter eux-mêmes un acte législatif par le moyen (par ordre d'importance décroissante) de l'initiative individuelle, de la motion, du postulat, de l'interpellation ou de la question. Chacune des deux chambres possède de puissantes commissions permanentes (finances, affaires étrangères, affaires militaires, recherche scientifique, commerce extérieur).

La première chambre s'appelle « conseil national ». Depuis 1919, elle est élue à la proportionnelle, chacun des États-membres formant un arrondissement électoral[2]. Le conseil national est formé de 200 membres, dont 14 femmes[3]. Il est élu tous les 4 ans. Lors des élections, un tiers environ des conseillers changent (généralement pour des raisons d'âge, les échecs électoraux étant chose relativement rare en Suisse). Le « conseil des États », seconde chambre fédérale, est élu tout différemment. Il compte 44 membres dont une seule femme, deux conseillers par État-

---

1. Le député ne reçoit pas de salaire, simplement un dédommagement de 150 F par journée effective de séance et un forfait de 10 000 F par an.
2. Scrutin de listes à un tour, avec partage des voix restantes.
3. Tous ces chiffres se rapportent à la législature 1971/1975.

membre, les demi-cantons ayant chacun un conseiller. C'est la législation cantonale qui régit leur élection. Dans l'État de Berne, par exemple, le parlement cantonal désigne les deux conseillers; à Genève, c'est le peuple qui les élit. Conseil national et conseil des États forment ensemble l'assemblée fédérale. Cette assemblée ne représente que très approximativement la population helvétique. La classe d'âge de 20 à 40 ans représente la majorité de la population électorale : or, 7 % seulement des conseillers appartiennent à cette classe. Les femmes constituent 53 % de la population électorale : or, 15 femmes seulement siègent à l'assemblée fédérale. Le revenu moyen de la population se situe autour de 18 000 francs par an; or, le revenu moyen déclaré des conseillers est de 53 000 francs. Il existe 1 350 000 ouvriers en Suisse, dont 366 000 femmes : un seul ouvrier siège au Parlement, aucune ouvrière n'y est représentée.

L'assemblée fédérale reflète donc de façon presque parfaite cette classe politique qui s'est formée en Suisse au fil des siècles et dont l'inamovibilité apparaît comme le trait majeur de la vie politique suisse[1].

Voyons l'élection du gouvernement : la Suisse vit sous un régime d'assemblée qui, sociologiquement, est assez semblable à celui que connut la IIIᵉ République française. L'assemblée souveraine — c'est-à-dire la réunion des deux chambres du Parlement fédéral — élit au début de chaque législature un gouvernement de sept membres. Chaque législature est de quatre ans (elle était de trois ans aux débuts de la Confédération).

---

1. Une sociologie positiviste (cf. E. Gruner, *et al.*, *L'Assemblée fédérale, 1848-1920*, vol. II, Berne, 1972) essaie de constituer la figure d'une sorte de pouvoir institutionnel héréditaire qui, dans certains cantons, se transmettrait par la vertu de la parenté biologique. Il est vrai qu'on retrouve au Parlement de nombreux fils, cousins, frères, etc., d'anciens notables politiques. Il est vrai aussi que dans certains cantons, alpestres notamment, de véritables aristocraties politiques se sont formées. Il suffit pour s'en rendre compte de visiter le cimetière d'Altdorf, chef-lieu de l'État d'Uri, où tous les défunts des familles régnantes sont enterrés sous une dalle énumérant leurs titres et fonctions. Cependant, le vrai problème de la colonisation du Parlement ne réside pas dans le développement d'aristocraties dynastiques.

L'État confédéral inaugura en 1975 sa 40ᵉ législature. Le mode d'élection du gouvernement est assez particulier : chacun des sept postes est mis aux voix. Mais, pour chaque poste, il n'y a généralement qu'un seul candidat! La Suisse déteste les élections dont le résultat est imprévisible. Elle déteste aussi les hommes forts : la présidence et la vice-présidence du gouvernement et de l'État sont assurées par chacun des sept conseillers fédéraux à tour de rôle. Nul ne reste président de la Confédération pendant plus de douze mois d'affilée. Sauf exceptions rarissimes, les conseillers fédéraux sont issus du Parlement ou des gouvernements cantonaux. Leur parfaite intégration à la classe politique est ainsi garantie : ils y ont généralement subi une très longue socialisation; des amitiés nombreuses, des haines occasionnelles, des sympathies, aversions, préjugés accumulés à la faveur d'une longue présence au Parlement ou à l'exécutif cantonal, les suivent au conseil fédéral. Au moment d'accéder — rêve suprême de la plupart des parlementaires — au conseil fédéral, l'heureux candidat aura passé généralement plusieurs décennies (mais parfois quelques années seulement) dans cet étrange palais fédéral qui fait face à l'un des plus beaux paysages du monde mais dont plus aucune fenêtre n'ouvre sur l'extérieur[1]... En bref, une fois élu, le nouveau conseiller fédéral reste intimement lié non seulement à son parti d'origine mais à cet univers quasi névrotique que sécrète l'activité parlementaire à huis clos[2]. Autant dire que les idées neuves y pénètrent rarement.

Par rapport à un régime d'assemblée comme celui de la IIIᵉ République française, le système de gouvernement visible de la Confédération connaît au moins deux « déviations » de taille :

1. Ce n'est pas qu'un symbole : on a bel et bien doté cet imposant et académique immeuble du tournant du siècle d'un *absurde* et *coûteux* système d'aération artificielle. L'air du dehors n'y circule plus.
2. *Exemple* : même après leur élection, les conseillers fédéraux continuent d'assister fidèlement, comme n'importe quels députés et avec les mêmes droits, aux séances du groupe parlementaire de leurs partis respectifs.

1. Le gouvernement n'est pas responsable devant le Parlement[1]. Il ne peut être renversé en cours de législature. Au demeurant, même si la motion de censure ou le vote de confiance existaient, le gouvernement ne risquerait pas grand-chose : sur les 244 députés de l'assemblée fédérale, 41 seulement appartiennent à un parti qui ne participe pas à l'exécutif. Sur ces 41, 23 sont parfaitement soumis à la coalition en place[2].

2. L'existence de puissants droits populaires. 50 000 citoyens et citoyennes peuvent demander une modification d'un article constitutionnel (ou de la Constitution tout entière) par voie d'initiative. Si l'initiative est acceptée par la majorité du peuple et des États-membres, la proposition modifie effectivement la Constitution. D'autre part, n'importe quelle loi votée par le Parlement peut, pendant un délai de trois mois, être contestée par les citoyens; 30 000 signatures sont suffisantes pour provoquer une votation référendaire. Or, tous ces droits populaires n'ont de signification politique réelle qu'au cas où ils sont exercés par des citoyens informés, libres, bref : à l'abri des ravages qu'opère la violence symbolique de l'oligarchie. Ces cas sont extrêmement rares. La plupart du temps, la célèbre « démocratie directe » se transforme en une *oligarchie directe*. Des campagnes publicitaires, financées par l'oligarchie à coups de millions, ont généralement raison de n'importe quelle résistance populaire ou syndicale. Lors de la plupart des votations récentes, le peuple, le bon peuple docile et obéissant, a rejeté librement toute réforme qui visait à augmenter son pouvoir, son bien-être ou sa liberté. Jugez-en : le peuple obéissant rejette en 1962 et 1963 l'interdiction de la production et du stockage d'armes atomiques sur le

1. L'exercice du pouvoir est collégial. Mais chacun des sept conseillers fédéraux gère l'un des sept départements exécutifs de la Confédération. C'est donc au sein de son département particulier que se manifeste le pouvoir réel de chacun des conseillers fédéraux.
2. Il s'agit essentiellement des députés de l'extrême-droite fascisante : Républicains et Action nationale, ainsi que des députés de l'Alliance des indépendants et de certains députés libéraux.

sol helvétique; en 1967, il repousse une loi sur la lutte contre la spéculation immobilière; en 1970, il rejette l'initiative constitutionnelle dite du droit au logement; le droit à la formation est rejeté par le peuple en 1973; en 1974, le même peuple matraqué refuse l'assurance fédérale obligatoire contre la maladie, il rejette aussi bien la rente populaire d'assurance vieillesse, renonçant ainsi *librement* à l'introduction d'une sécurité sociale en Suisse! La loi sur l'aménagement du territoire, visant à sauvegarder les espaces verts, est rejetée en 1976. Et, couronnement du tout : le 21 mars, la majorité écrasante des travailleurs suisses repoussent l'initiative constitutionnelle lancée par leurs propres syndicats visant à l'introduction d'un droit de participation des travailleurs à la gestion de leurs entreprises.

Comment devient-on conseiller fédéral? En se taisant longtemps. Avec obstination. Du moins, en n'intervenant dans le débat public qu'avec une extrême prudence, laissant toujours une large part à l'indétermination. Sauf lorsque l'unanimité est acquise d'avance. Car le mot clé du système est la *cooptation.* Mais qui coopte qui? On ne le sait jamais tout à fait. Des majorités ambulantes gouvernent l'assemblée fédérale. De temps à autre, l'oligarchie impose brutalement un homme dépendant directement d'elle. Il est de fait que ceux d'entre les conseillers fédéraux qui sont issus de la cooptation parlementaire et les autres, imposés par une campagne de presse orchestrée par l'oligarchie, sont souvent des gestionnaires efficaces.

Le Parlement, institution théoriquement admirable et qui symbolise une étape de l'histoire des luttes de classes en Europe, participe naturellement de la nature épiphénoménale de l'État. Il convient cependant de distinguer ici trois plans de réalité.

Lorsqu'il s'occupe de politique structurelle, c'est-à-dire lorsqu'il discute du statut des banques étrangères en Suisse, des compétences de la banque nationale, du budget de l'armée, etc., la marge de manœuvre du Parlement est pratiquement nulle. L'oligarchie impérialiste secondaire dicte sa loi.

Les débats des députés (ou l'activité du gouvernement, de l'administration, de la presse, etc.) peuvent ne pas toucher directement aux hiérarchies de la société d'exploitation, au mode d'exercice du pouvoir oligarchique, à son système d'auto-interprétation : le Parlement dispose alors d'un champ de liberté étonnant. Et lorsqu'il agit à l'intérieur de ce champ, il accomplit souvent un travail remarquable. Exemple : la loi nouvelle élaborée en 1971-1973 sur l'adoption et la filiation civique, qui apporte au problème des enfants abandonnés une des solutions les plus progressistes et les plus humaines d'Europe.

Un troisième champ d'action s'offre au gouvernement visible : c'est l'arbitrage entre fractions provisoirement hostiles de l'oligarchie. Il arrive en effet que deux fractions du capital hégémonique s'opposent l'une à l'autre sur un problème d'importance. Le gouvernement visible découvre alors soudain un espace de liberté inattendu. Exemple : la réévaluation du franc suisse. Les Seigneurs de la banque la combattirent avec énergie, leurs spéculations sur les monnaies européennes et le dollar exigeant un taux inchangé. Les trusts de l'importation et de la distribution interne, par contre, souhaitèrent une réévaluation (la société de distribution Migros exigeant même qu'elle soit de 12 %) destinée à leur assurer des marges bénéficiaires sensiblement augmentées. A la faveur de cette situation conflictuelle, le conseil fédéral put, par surprise, décréter la réévaluation du franc suisse de 7 % le 10 mai 1971 [1].

Examinons à présent la colonisation du gouvernement visible, et plus particulièrement du Parlement, par l'oligarchie impérialiste secondaire.

Tout comme le roi Soleil, l'oligarchie impérialiste dispose d'un fonds quasi inépuisable de prébendes. Le système est astucieux : l'oligarchie contrôle un nombre élevé de sociétés immobilières,

---

1. La fixation de la parité numéraire (relation billet/or) relève, d'après un changement récent de la loi fédérale, de la compétence exclusive du gouvernement.

financières, industrielles, commerciales; la plupart de ces entreprises sont constituées sous forme de sociétés anonymes; la colonisation du Parlement s'effectue ainsi : dès qu'un député d'un parti bourgeois est élu, l'oligarchie évalue son poids politique potentiel et lui offre alors une entrée au conseil d'administration ou bien la présidence d'une association patronale. De riches prébendes sont liées à chacun de ces postes. Au cours de la 39e législature, 82 % des membres du Parlement fédéral appartenaient à un ou à plusieurs conseils d'administration [1]. Les deux Chambres fédérales comptent ensemble 244 députés. Ces députés occupent un total de plus de 1 000 sièges de conseils d'administration. De ce chiffre, il convient de déduire environ 250 sièges qui concernent des sociétés anonymes d'intérêts publics (chemins de fer, centrales électriques, etc.). Il reste tout de même 750 sièges que se partagent 115 députés des partis bourgeois. Il s'agit de postes très considérablement payés dans les conseils d'administration des empires bancaires, des sociétés immobilières, des usines d'armement, de sociétés industrielles et commerciales multinationales, suisses et étrangères. Quelles que soient sa provenance sociale, son expérience professionnelle, ses capacités personnelles, un député peut se transformer en millionnaire instantané dès son élection — pourvu qu'il soit élu sur une liste bourgeoise et qu'il sache faire montre d'une docilité mêlée de discrétion et d'efficacité. Mais, même parmi ces 115 députés du capital, il existe encore une aristocratie qui cumule le plus grand nombre des prébendes de l'oligarchie : 81 députés bourgeois des deux Chambres réunissent à eux seuls 431 mandats de conseils d'administration. Exemples : le conseiller aux États Peter Hefti, de Glaris, occupe à lui tout seul 37 sièges de conseils d'administration dans des banques, sociétés multinationales, trusts immobiliers. Son collègue zürichois Fritz

---

1. Pour le tableau nominatif, cf. l'*Annuaire des conseils d'administration*, Éd. Annonces-Mossé, Zürich.

Honegger siège dans 22 conseils, dont celui du trust Honeywell, le plus grand fabricant de bombes « antipersonnelles » du monde. Le député catholique Paul Eisenring, de Zürich, occupe 25 sièges de conseils d'administration et le capital-actions de « ses » sociétés dépasse la somme de 750 millions de francs.

Les 115 représentants du peuple qui, dès le lendemain de leur élection, se sont transformés en *représentants du capital*, « représentent » au bas mot 15 milliards de francs suisses. Cette modique somme correspond à un tiers de tout le capital social de toutes les sociétés anonymes immatriculées en Suisse. Mais la Suisse est un pays de justice : même les prébendes des monstres froids sont équitablement réparties entre les différents partis bourgeois. 39 députés du parti radical « représentent » au parlement 284 banques, sociétés multinationales et sociétés immobilières. Le chiffre total du capital social de leurs bienfaiteurs s'élève à 6 830 millions de francs suisses. Les pieux chrétiens-démocrates, quant à eux, « représentent » 334 banques, trusts industriels et usines d'armement. 40 d'entre eux « représentent » à eux seuls un capital social de 2 807 millions de francs suisses.

Ce système aboutit parfois à des situations cocasses.

Exemple : 1972, débat au Parlement. Le député pacifiste Arthur Villard dénonce l'utilisation par l'aviation américaine, au Vietnam, de l'avion suisse Pilatus-Porter. Extrêmement mobile, ce petit avion peut voler au ras des arbres et sert notamment à détecter les petites unités de guérilla ou les villages cachés dans la forêt. Dès que des hommes sont localisés, le pilote jette une bombe fumigène, signalant ainsi l'objectif aux bombardiers Phantoms qui, quelques minutes plus tard, viennent incendier les villageois. Arthur Villard demande au gouvernement d'interdire la vente des appareils Pilatus-Porter aux États-Unis et à leurs alliés (notamment aux Australiens). Immédiatement, un député de Buochs monte à la tribune et déclare que le Pilatus-Porter est un avion très lent, très fragile, ne portant ni bombe ni fusée, et qui, de ce fait, ne peut être considéré comme un avion de guerre! Le gouvernement et la majorité du Parlement se rallient avec enthousiasme à ce point de vue. L'homme qui bénéficie de ce beau succès, député de Nidwald, s'appelle August Albrecht : il est président de la société qui fabrique les Pilatus-Porter. Cette société elle-même appartient au trust Bührle-Oerlikon.

Autre exemple : 1974, débat au Parlement sur l'initiative syndicale visant à instaurer la participation des travailleurs à la gestion des entreprises. Au cours de mon intervention, je cite le magnifique exemple d'autogestion réussie des ouvriers de Lip. Tonnerre de protestations! Un député du nom de Yann Richter monte à la tribune. Dans une mémorable envolée, il m'attaque et, au nom de l'objectivité, traite les ouvriers de Lip de voleurs. Applaudissements nourris! Signalons que Richter est sous-directeur de la Chambre suisse d'horlogerie à laquelle appartient l'ASUAG, dont la filiale Ébauches SA est un gros actionnaire de Lip en 1973.

Pour saisir dans son ampleur et sa complexité la mainmise de l'oligarchie sur le Parlement fédéral et ses institutions annexes (commissions d'experts, etc.), différentes stratégies sont à considérer. Première stratégie : l'oligarchie prend à son service direct un certain nombre d'hommes dévoués. Exemples : Paul Eisenring, économiste, rédacteur de la *Handelszeitung*, ou Fritz Honneger, directeur de la Chambre de commerce de Zürich. Il est normal qu'elle favorise leur carrière politique. Il paraît également normal qu'une fois élus, ces hommes accèdent à un nombre élevé de conseils d'administration de groupes financiers puissants. Il existe un autre mode de promotion, plus fréquent celui-ci : des hommes — plus rarement des femmes — accèdent à la députation à partir de positions sociales ou de professions qui ne les avaient nullement signalés à l'attention préalable de l'oligarchie. Dès qu'ils sont élus, par contre, des offres leur sont faites[1].

Exemples : Un député radical de Genève, Fernand Corbat, salarié d'un bureau de publicité, devint, au lendemain de son élection, président des fabricants de cigarettes de Suisse. Une femme, professeur de français de son état, accède, dès son élection au conseil des États, au conseil d'administration de l'un des trois empires bancaires du pays. La liste serait trop longue pour figurer ici. Ajoutons que la plupart des avocats, conseillers, juristes locaux, pourtant peu versés dans la finance, deviennent, dès leur élection sur une liste bourgeoise, de très grands avocats d'affaires. De tels exemples abondent : de Baden, petite ville près de Zürich, jusqu'à Lugano en passant par la minuscule cité de Schwyz.

Pour ce qui est du Conseil fédéral, la même typologie se répète. Entre la fonction de membre du gouvernement et toute autre activité lucrative existe en principe une totale incompatibilité : néanmoins, la circulation des hommes entre les conseils d'administration des empires financiers et industriels et le gouvernement est assurée. Ses réseaux sont en place depuis la grande aventure de la construction des chemins de fer des Alpes, qui exigeait une union intime entre l'exécutif fédéral et les banques, qui investissaient dans ces ouvrages des sommes colossales. Voici comment l'oligarchie « utilise » le Conseil fédéral :

Certains élus sont déjà, avant même leur élection, au service du grand capital hégémonique. Après leur passage au gouvernement, ils retrouvent leurs positions antérieures, assorties d'une forte promotion. *Exemple :* Max Petitpierre, avocat d'affaires à

---

1. Contrairement à ce qui se passe aux États-Unis, en France, en Angleterre, le Parlement suisse refuse expressément de faire la lumière sur ces pratiques. Le 18 juin 1975, un député demande l'établissement d'une liste officielle des députés-conseillers d'administration. Proposition refusée. Le bureau du Conseil national répond : « Il n'existe pas de base légale pour une telle liste. » Un point c'est tout! Cf. doc. CN, n° 75.738.

Neuchâtel, est président de la Chambre suisse d'horlogerie
avant d'entrer au gouvernement comme ministre des Affaires
étrangères. A sa sortie, il est promu président du conseil d'administration de Nestlé. Hans Schaffner, haut fonctionnaire
fédéral, spécialiste des questions du commerce international,
devient ministre de l'Economie. A sa sortie, il reçoit tout normalement la vice-présidence de l'empire Sandoz (chimie, produits pharmaceutiques). Nello Celio, avocat d'affaires à
Lugano, président du trust multinational Alusuisse, (aluminium, bauxite) est l'idéologue intelligent, subtil, du grand
patronat moderniste. Il est tout naturellement promu au
Conseil fédéral où il reçoit, tout aussi naturellement, le
ministère des Finances ! Sorti en 1974, il est aujourd'hui
l'homme clé d'un grand nombre de conseils d'administration
bancaires et industriels où s'élabore la stratégie de l'oligarchie.

Selon toute évidence, aucun de ces hommes n'a — lorsqu'il
était au gouvernement — abusé de ses pouvoirs pour favoriser
l'un ou l'autre des trusts dont il est aujourd'hui le dirigeant. Il
s'agit plus simplement d'une « réaction » quasi « naturelle » du
système helvétique qui, par ces promotions, exprime la logique
profonde qui l'habite : la concordance ontologique entre les
intérêts de l'État et la stratégie d'accumulation du capital
privé.

Le second mode de promotion est le suivant : des hommes
issus de la petite et moyenne bourgeoisie, ou plus rarement du
paysannat, sans liens préalables avec l'oligarchie, sont cooptés
au Conseil fédéral. A leur sortie, ils sont promus membres des
conseils d'administration des sociétés multinationales. Là aussi,
les exemples abondent et je me limiterai à un seul : Paul Chaudet,
vigneron à Rivaz, sur les bords du lac Léman, devient conseiller
d'État vaudois, conseiller national, enfin ministre des Armées.
Il est aujourd'hui président de la Banque populaire suisse, l'un
des empires bancaires les plus puissants d'Europe. Nello Celio,

ancien président de la Confédération et actuel conseiller d'administration du Crédit suisse, déclare à Roger Dubois : « Je vous le garantis, il n'y a eu aucun conseiller fédéral qui ait fait des faveurs à l'industrie pour avoir une place dans un conseil d'administration. Aucun [1]. »

Moi, je veux bien. Personne ne peut contrôler le travail d'un député, d'un ministre. La Constitution fédérale de 1848 excluant expressément le mandat impératif, chacun pourra prétendre que son vote, sa décision ne répond qu'à son libre arbitre, à sa conscience la plus pure, la plus limpide. Ce qui me choque, c'est ceci : les membres du gouvernement suisse restent — sauf exceptions — en place pendant de très longues années. Max Petitpierre a dirigé le ministère des Affaires étrangères pendant 22 ans. Immédiatement après sa démission du gouvernement, il entra chez Nestlé comme président du conseil d'administration. Or, tous les ambassadeurs en exercice et la plupart des hauts fonctionnaires du ministère lui devaient leur carrière. Pour une société multinationale, première productrice mondiale d'aliments pour nourrissons et de lait en poudre, qui produit 98 % de ses marchandises à l'étranger, le réseau de relations diplomatiques, de dépendances créées et dominées par Petitpierre, n'avait évidemment pas de prix.

Analysons encore deux structures parallèles qui doublent celle du Parlement colonisé : il s'agit de la hiérarchie de l'armée et de la hiérarchie des *lobbies* parlementaires.

1. Après la parution de la première édition de *Une Suisse au-dessus de tout soupçon*, l'oligarchie mobilisa tous ses journalistes afin de discréditer le livre, son auteur, sa visée politique et scientifique. La grande presse dite « d'information » dressa un barrage de diffamations savamment calculées entre le livre, son auteur d'une part, les lecteurs de l'autre. La télévision tenta de pratiquer la censure, la radio suisse-romande interdit toute émission consacrée au livre. Roger Dubois eut le courage, le talent et l'honnêteté de confronter les membres de l'oligarchie et leurs agents avec les faits énoncés dans le livre. Roger Dubois publia leur réponse au cours d'une série de six articles, dans *la Tribune de Genève* (mai 1976). Roger Dubois est mort le 9 août 1976. Je lui dois l'hommage ému de mon estime et de ma gratitude.

La Suisse a une armée de milice d'environ 620 000 hommes [1]. Hormis les charges dirigeantes et un corps réduit d'officiers et de sous-officiers instructeurs, tout le monde fait son service militaire de façon temporaire, obligatoire et milicienne [2].

L'armée occupe en Suisse une position difficile à saisir par une analyse structurelle. Elle exerce néanmoins quatre fonctions immédiatement perceptibles :

1. Elle tend à assurer, de façon authentique, la défense du territoire suisse contre une agression étrangère toujours possible.

2. Elle maintient l'ordre capitaliste monopolistique à l'intérieur des frontières.

3. Elle est l'agent d'un processus d'intégration des différents peuples qui constituent la Confédération.

4. Elle est nécessaire au maintien du complexe militaro-industriel et des profits que celui-ci assure à l'oligarchie.

La plupart des députés-conseillers d'administration occupent dans l'armée un poste de commandement. Pour devenir conseiller fédéral, il est très utile d'être d'abord colonel de milice. Si un officier devient conseiller national ou conseiller aux États, seule sa mort peut empêcher sa promotion au grade de colonel. Les « patrons » de ces députés-conseillers d'administration — les dirigeants de l'oligarchie impérialiste secondaire — sont souvent eux-mêmes commandants de troupe, officiers d'état-major dans l'armée. Cette situation est unique en Europe [3].

---

1. La meilleure monographie sur l'armée suisse est d'origine anglaise, cf. *The Defence Forces of Switzerland*, livre de la série « Armies of the world », publiée par *The army quarterly and defence Journal*, West of England Press Ldt, 1974.

2. Tous les commandants de troupe — sauf les colonels (le grade de général n'existant pas en temps de paix) commandant une division ou un corps d'armée — sont des officiers de milice et ne reçoivent aucun salaire.

3. Ce système de milices recèle des côtés paradoxaux. Les officiers miliciens acceptent, étant donné leur situation sociale civile souvent privilégiée, de considérables sacrifices de temps et d'argent pour remplir leur fonction. Ce qui justifie à leurs yeux les avantages civils qu'ils peuvent tirer de leur grade dans l'armée. Et du même coup interdit pratiquement à la classe ouvrière l'accès aux grades supérieurs.

Quelques exemples : l'actuel chef d'état-major de l'armée, le colonel commandant de corps Vischer, appartient à l'une des familles dirigeantes de la chimie bâloise. Dieter Bührle, PDG d'un des trusts d'armement les plus puissants d'Europe, est colonel de milice.

L'armée est toujours la violence sociale institutionnalisée. L'expérience le montre, elle sert autant à défendre la souveraineté nationale contre l'adversaire étranger qu'à combattre « l'ennemi de l'intérieur ». En Suisse, l'ennemi intérieur est constitué par tout groupe, parti, mouvement, syndicat ou organisation qui met réellement en danger l'hégémonie politique de l'oligarchie impérialiste. Maintenir l'ordre public signifie aussi maintenir l'ordre du capitalisme monopolistique [1]. En ce sens, la présence d'une majorité de dirigeants du capital financier et des membres du Parlement colonisé au sein de la direction de l'armée obéit à la logique profonde du système [2].

Il existe une deuxième structure parallèle : certains membres de l'assemblée fédérale, même s'ils appartiennent à des partis différents, sont liés aux mêmes intérêts financiers; ces membres se regroupent, au sein même du Parlement, en des sortes de *lobbies* qui portent le titre anodin de « groupes parlementaires ». Certains de ces groupes de pression exercent un pouvoir énorme, soit au travers des commissions parlementaires qu'ils contrôlent, soit par pression directe sur l'administration et l'opinion publique [3].

Exemples : groupe pour le commerce et l'industrie, groupe parlementaire pour le trafic, le tourisme et l'hôtellerie, groupe

---

1. *Exemples :* répression militaire de la grève générale de 1918, de la manifestation ouvrière de Genève en 1932, etc.
2. Ce n'est pas, encore une fois, le système de milice qui est ici critiqué, ni évidemment l'existence de l'armée en tant qu'instrument de la défense nationale, mais la nature de classe de sa hiérarchie, de ses intérêts, de ses décisions, donc de sa politique.
3. D. Sidjanski, « Les groupes de pression et la politique étrangère en Suisse », *Annuaire de l'Association suisse de science politique,* 1966.

pour l'aménagement du territoire, groupe parlementaire de la presse, groupe pour la navigation intérieure, groupe politique et social de la fraction radicale, etc.[1].

L'examen des structures imbriquées qui gouvernent l'assemblée fédérale, clé de voûte du système du pouvoir formel en Suisse, conduit à se poser une question, celle de leur *interaction*, particulièrement celle de la mesure de l'influence directe de l'oligarchie impérialiste secondaire sur les décisions du Parlement. Aucune réponse mécaniste n'est possible. Tous ces députés-conseillers d'administration, souvent très considérablement payés[2], ne sont-ils pas tentés, lorsqu'ils se prononcent sur une loi affectant les intérêts de leurs banques, sociétés multinationales, usines d'armements ou trusts immobiliers, d'infléchir leur vote? Certes, les intéressés jureraient leurs grands dieux qu'ils arrivent parfaitement à dédoubler leur propre individualité et à voter, comme députés, une loi qu'ils combattraient dans « le privé ». Une chose paraît pourtant certaine : le peuple, en élisant ses députés, ne s'attend pas à ce que, dès leur élection, ces mêmes députés se mettent au service — fût-ce partiellement — de sociétés immobilières ou de banques d'affaires. Mais, fait extrêmement significatif, le problème n'est jamais discuté publiquement, sauf par des organisations syndicales ou des partis de gauche. D'une part, ces députés-conseillers d'administration sont constamment réélus, la plupart des journaux taisant le problème; d'autre part, les intéressés eux-mêmes présentent une défense que les commentateurs politiques les plus intelligents ne contestent jamais formellement. En 1973, un député conservateur de

---

1. Liste chez G. Keel-Nguyen, *L'Influence des groupes d'intérêts politiques sur la politique étrangère de la Suisse*, in *Handbuch der Aussenpolitik*, Éd. Haupt, Berne, 1975.
2. Les sociétés multinationales et entreprises bancaires paient à leurs députés-conseillers d'administration des jetons de présence d'un montant allant de 80 000 à 220 000 francs suisses par an en moyenne. Il n'est pas rare qu'un député particulièrement influent siège dans plusieurs dizaines de conseils d'administration. Le record a été atteint durant la 38e législature par un député totalisant 61 sièges.

Baden, Julius Binder, prit la tête d'une offensive aboutissant en fait à renforcer cette « intransparence ». Dans sa motion, il demandait l'accroissement des moyens administratifs du Parlement afin de sauvegarder le Parlement « de milice » et d'éviter la création d'un « Parlement professionnel ». Thèse ainsi formulée : un « Parlement de milice » composé de députés qui exercent un métier civil pour vivre et qui, de ce fait, restent proches de leurs concitoyens, est plus « représentatif » qu'un parlement composé de députés professionnels, n'exerçant d'autre activité que celle de représentants du peuple. La thèse, à première vue, est séduisante [1], mais ses implications précises sautent aux yeux : le Parlement suisse, seul parlement d'Europe dont les députés ne perçoivent pas de salaire, impose à ses membres des sacrifices financiers souvent réels; pour les compenser, il est donc « normal » et « juste » que les députés, une fois élus, cèdent à l'insistance des sociétés immobilières, banques et entreprises multinationales et acceptent d'entrer dans leurs conseils d'administration. Les riches prébendes de l'oligarchie seraient alors comme une sorte de récompense accordée aux serviteurs vertueux du peuple qui, pendant un bref instant, ont renoncé à leur intérêt personnel pour se mettre au service du bien commun. La colonisation du Parlement se trouve ainsi miraculeusement investie de la majesté d'une nécessité ontologique.

1. Elle est répandue complaisamment par des auteurs : voir Erich Gruner, *et al.*, *Assemblée fédérale et Peuple suisse*, 1848-1920 ; Leonhard Neidhart, « Die Funktion des parlementarisch-repräsentativen Elementes », tiré de l'ouvrage *Die Reform des Bundesstaates*, 1970.

ANNEXE

Un livre comme celui-ci ne peut taire la xénophobie d'une partie du peuple suisse ni la politique
de l'apartheid mise en œuvre par la classe dirigeante et son gouvernement. La répression exercée
à l'encontre du travailleur immigré est une répression économique, politique, sociale, idéologique. En
ce sens, l'importante étude de Delia Castelnuovo-
Frigessi pourrait figurer en annexe à n'importe
lequel des chapitres précédents. Si elle figure au chapitre sur la violence symbolique, c'est néanmoins pour
une raison précise: l'auteur montre, à travers l'analyse de la législation d'apartheid helvétique l'image
du travailleur immigré, de l'homme « étranger »,
privé de logement, de famille, de droits, dont se
sert l'oligarchie impérialiste. L'exploitation du travailleur immigré, de l'homme « étranger », relève
en effet de la violence structurelle de l'impérialisme[1].
Elle a des bases matérielles précises. Mais elle est
rendue possible, c'est-à-dire généralement accep-
table, à cause de l'image de l'homme « étranger »,
de l'homme « autre » que l'oligarchie a su imposer
aux travailleurs autochtones.
  La législation, les statistiques, les conventions
internationales qui gouvernent l'existence discri-
minée des travailleurs étrangers en Suisse évoluent
constamment. Certains de leurs aspects auront
changé lorsque paraîtra notre livre. L'étude de
Delia Castelnuovo-Frigessi révèle néanmoins la
stratégie institutionnelle dont se sert l'oligarchie
pour exploiter le travailleur immigré. J.Z.

COLONIALISME À DOMICILE :
LES TRAVAILLEURS IMMIGRÉS EN SUISSE

  Pays séculaire d'émigration, la Suisse est passée au XXe siècle pays
de grande immigration. Encore largement négatif entre 1850 et 1888
(177 000 unités), le solde migratoire suisse devient positif (176 000

---

1. Nous sommes ici confrontés à une violence objective. Les troubles de conscience
de certains magistrats, la nomination récente d'un jeune haut-fonctionnaire pro-
gressiste, Jean-Pierre Bonny, comme directeur de l'Office fédéral des arts et métiers,
chargé de la question des travailleurs immigrés, ne constituent que des épiphéno-
mènes sans portée politique réelle.

unités) dans les années 1888-1914. Le maximum atteint en 1914 (600 000 unités, soit 15,4 % de la totalité de la population) l'est à nouveau en 1960 (584 739 unités); en 1968, les étrangers représentent 15,3 % de la population totale, comme en 1914, et continuent d'augmenter au cours des années suivantes. Voici les calculs de la Police fédérale des étrangers pour 1972 : « A fin décembre, l'économie suisse occupait en tout, frontaliers, saisonniers, travailleurs au bénéfice d'une autorisation à l'année et établis compris, 708 815 travailleurs étrangers... Ce chiffre représente 23 % de la population active en Suisse, s'élevant à 3 075 000 personnes environ. La proportion des travailleurs étrangers par rapport à l'ensemble des travailleurs atteint 27 % si l'on prend en considération l'effectif le plus élevé enregistré en août. »

La politique du pays en matière d'immigration a connu plusieurs phases. La première va de 1917 (du temps de la Première Guerre mondiale avait été supprimée la liberté de circulation entre les États) à 1925. Les premières lois sur la police des étrangers datent de ces années (21 février 1917; 19 novembre 1921). On commence à exiger des permis de séjour, de travail et d'établissement. On fixe (art. 10 de l'ordonnance sur le contrôle des étrangers du 29 novembre 1921) les conditions d'interdiction d'entrée dans le pays ; on institue (*ibid.*, art. 17) des consultations entre les autorités cantonales de police et les bureaux cantonaux du travail; on se met à distinguer entre divers types de séjour pour les travailleurs étrangers (séjour limité, établissement), on fait une première allusion aux saisonniers. Dans le message du Conseil fédéral à l'assemblée fédérale concernant la réglementation du séjour et de l'établissement des étrangers en Suisse (2 juin 1924), ces éléments viennent se placer dans un cadre précis qui répond aux exigences, pour la première fois officiellement exprimées, *d'une politique sélective* de l'immigration. En 1924, pour la première fois, « les étrangers sont classés d'après un nouveau critère distinctif ressortissant à la lutte contre la surpopulation étrangère; l'étranger en séjour compte peu dans cette surpopulation, précisément parce qu'il quittera de nouveau le pays, mais l'étranger établi doit compter pleinement ». Ce principe de la « lutte contre la surpopulation étrangère », qui a encore la saveur d'une terminologie des temps de guerre, bénéficie alors de la diffusion la plus large. La *xénophobie* a en réalité été créée et alimentée par la classe dominante.

La lutte contre la surpopulation étrangère exige — toujours d'après le message du Conseil fédéral — « l'adoption d'une échelle de mesure toute nouvelle, à savoir la capacité de réception du pays ». Pour régler l'afflux de cette force de travail selon les exigences de l'économie, on se propose d'instituer une législation nouvelle dont la police des étrangers, officiellement chargée d'assurer aux Suisses leurs postes de travail en les préservant de la concurrence de la main-d'œuvre étrangère, sera l'instrument efficace.

Pendant les années du contingentement, l'effectif des *travailleurs saisonniers* se vit fixer, et lui seul, une limitation par secteurs : en 1965 et en 1966, leur nombre est fixé respectivement à 145 000 et à 125 000 dans le bâtiment ; en 1967 : à 115 000 pour le bâtiment, à 21 000 pour l'hôtellerie, à 16 000 pour diverses industries. Le nombre reste inchangé dans l'arrêté de 1970. Jusqu'en 1973, le gouvernement fédéral continue de s'en tenir au principe que saisonniers (et frontaliers) « ne jouent pas le même rôle que les non-saisonniers sur le plan de la pénétration étrangère ».

A partir de 1954, la composition de la main-d'œuvre soumise à contrôle (à l'exclusion des établis) change, comme le montrent les données de la revue *Vie économique*, années 1956 à 1973.

Le nombre des *travailleurs annuels* suit une courbe ascendante entre 1956 et 1969 (avec une pointe maximale en 1964) et redescend graduellement entre 1970 et 1973. Les saisonniers, au contraire, montent entre 1956 et 1964, redescendent progressivement jusqu'en 1969 pour remonter dès 1970 et arriver en 1972 à un maximum de 196 632 unités (c'est l'effectif d'août, mais les autorisations de séjour ont été, en 1972, de 244 603 unités). En 1972, les saisonniers ont été en augmentation de 8,7 %. En 1973, le niveau a baissé de 2 866 unités, à cause des mesures du Conseil fédéral. Les frontaliers sont en augmentation depuis 1956 : en 1972, leur nombre avait augmenté de 10,7 %, en 1973 de 7,6 %.

En 1956, saisonniers et frontaliers représentent presque la moitié de la population soumise au contrôle (181 000 annuels, 108 000 saisonniers et 37 000 frontaliers). En 1964, les annuels étaient 465 000, les saisonniers 206 000 et les frontaliers 49 000. Dans la composition de la population soumise au contrôle, la proportion tend à se déplacer en faveur de la catégorie « saisonniers et frontaliers ». Entre 1970 et 1973, les travailleurs annuels diminuent de 120 254 unités, les saisonniers (+ 44 565) et les frontaliers (+ 38 232) augmentent de 82 797. Ils tendent donc à compenser la diminution des annuels. L'augmentation des domiciliés, conséquence de la forte immigration des années soixante, est considérée comme un mal nécessaire; ils doivent totaliser dix ans de travail en Suisse pour obtenir le permis d'établissement. En ajoutant les établis aux annuels qui bénéficient de certains droits refusés aux autres catégories « inférieures », on obtient les résultats suivants :

276 568 établis	193 766 saisonniers *(août 1973)*
322 513 annuels	104 573 frontaliers *(août 1973)*
599 081 *au total*	298 339 *au total*

Saisonniers et frontaliers représentent donc plus du tiers de la force de travail étrangère en Suisse. Mais quand on ajoute le nombre toujours plus élevé (on parle de 25 à 30 000 unités) de *travailleurs clandestins* qui, à Genève par exemple, ont des emplois de quelques mois, on en arrive à 600 000 travailleurs ayant un statut de droit acquis, et 330 000 travailleurs temporaires privés de droits. On peut en conclure que la composition de la main-d'œuvre étrangère est susceptible de favoriser, aujourd'hui plus encore que par le passé, l'exploitation économique basée sur le contrôle politique et la discrimination institutionnalisée. Car la compensation des catégories a permis de maintenir intacte la force de travail nécessaire à l'économie tout en augmentant la part des défavorisés : celle qui coûte le moins et dont, en cas de crise économique ou de stagnation, la Suisse pourrait se débarrasser sans frais. Actuellement, alors que se confirme la plus grande récession européenne de l'après-guerre, cette politique apparaît comme une arme indispensable pour l'oligarchie au pouvoir.

La catégorie des travailleurs saisonniers répond à la définition de « pilier stratégique » du marché helvétique du travail. Le contenu du statut des saisonniers est entièrement négatif. Aucune mobilité, ni géographique, ni professionnelle, ne leur est accordée. Pendant la saison, le saisonnier ne peut pas changer d'employeur. Il n'a pas de stabilité d'emploi. Il n'a pas le droit d'emmener sa famille en Suisse, sauf cas rarissimes; hors contingentement et en tant que force de travail seulement, la femme du saisonnier est parfois autorisée à venir travailler en Suisse (dans les hôpitaux, par exemple). Une mesure récente l'interdit à toutes les femmes qui ont des enfants mineurs. Par cette décision, les autorités suisses cherchent à diminuer le scandale des enfants clandestins que quelques parents cherchent à garder avec eux. Ce sont des enfants (environ 10 000) qui ne peuvent aller à l'école ni vivre la vie normale de leur âge. Ils doivent rester cachés toute la journée à la maison de crainte d'être découverts par la police des étrangers et expulsés. Selon le règlement interne, l'entrepreneur est tenu de fournir un logement au travailleur saisonnier mais, meublé ou non, le local mis à disposition ne ressemble que rarement à un logement digne de ce nom. Les travailleurs saisonniers sont entassés, en général dans des conditions d'hygiène précaires, en des lieux éloignés des centres urbains et sociaux ou dans de vieilles maisons destinées à la démolition. Ce genre de « logement », sur lequel l'entrepreneur prélève des profits souvent scandaleux, contraint le saisonnier à la solitude. Il vit en marge de la société, comme dans un ghetto. Le saisonnier est soumis au paiement de l'impôt mais il n'utilise que rarement l'infrastructure de l'État (école, logement subventionné, etc.). Cet impôt est calculé sur la base d'un gain supposé supérieur au gain réel, et multiplié par onze mois. Or, c'est un chômeur forcé pendant l'interruption saisonnière imposée par le contrat de travail. Il est enfin soumis au contrôle sanitaire dès son entrée en Suisse, au début de chaque saison, et exposé au risque de renvoi pour cause de maladie contractée en Suisse au cours de la saison précédente...

La liste des discriminations subies par le saisonnier est éloquente : exemple frappant du colonialisme à domicile qui réduit le prolétaire étranger à la non-existence politique, à la discrimination légalisée, à l'isolement social. On l'exploite en lui assignant un rôle précis (les travaux les plus lourds, les moins rétribués) en échange d'une place instable et d'un emploi à tout moment révocable. La classe dominante tire des avantages spécifiques de ce statut négrier. Ces avantages sont, entre autres : 1) Économie des frais d'infrastructure (y compris les frais de formation) : le saisonnier qui ne peut vivre avec sa famille n'utilise pas dans les proportions habituelles ni à plein temps les institutions sociales (logements, hôpitaux, moyens de transport), non plus que les écoles, hospices, etc. 2) Élasticité du marché de travail : il a été officiellement reconnu que l'effectif de la main-d'œuvre saisonnière est plus facilement modifiable que celui de la non saisonnière; les saisonniers peuvent être licenciés pratiquement sans préavis.

« L'hypothèse selon laquelle les saisonniers n'influent pas sur la population étrangère est sujette à caution. Eux aussi surchargent notre infrastructure. C'est avant tout pour les saisonniers que la question du logement a donné lieu, à diverses reprises, à de sérieuses difficultés et à de longues discussions dans l'opinion publique. La présence illégale en Suisse de nombreuses femmes et d'enfants de saisonniers étrangers provoque souvent de vives réactions. L'expérience montre que les saisonniers sont mêlés les premiers aux conflits éclatant sur les lieux de travail. Sur le plan international également, le problème des saisonniers cause à la Suisse les plus grandes difficultés. » Cette citation, extraite du texte informatif concernant le nouveau projet de réglementation de la main-d'œuvre étrangère (distribué le 28 mai 1973 par le Conseil fédéral), est un chef-d'œuvre d'hypocrisie et de cynisme : les saisonniers y sont présentés à l'opinion publique comme des boucs émissaires, des « coupables » pesant sur la vie intérieure et extérieure de la Confédération.

Le nouvel arrêté de juillet 1973 prévoit :

1. Le blocage des saisonniers à 192 000 unités; si l'on pense que l'effectif d'août de l'année précédente était de 194 000 unités, on voit bien que le Conseil fédéral n'a rien fait d'autre que sanctionner une situation établie.

2. La répartition des saisonniers en contingents cantonaux (et non plus par secteur économique) comme les annuels; la subdivision en deux sous-catégories de la catégorie : ce seront d'une part les saisonniers annuels *in petto* (qui ont eu la chance d'entrer travailler en Suisse en 1973 et peuvent espérer passer annuels) et, d'autre part, les saisonniers permanents (donc nouveaux venus dans le bâtiment, ou dont le contrat a été interrompu en 1972); autorisés à rester moins de neuf mois en Suisse, ces derniers n'ont et n'auront plus aucun droit de passer annuels. Les catégories de travailleurs étrangers sont ainsi passées de quatre à cinq. S'y ajoute une aggravation parallèle de la situation des frontaliers, autre « soupape de sécurité » pour l'économie helvétique : encore exclus de tout contingentement (120 000 en 1973), les frontaliers subissent eux aussi une espèce d'apartheid; pour obtenir un permis de travail, ils doivent être domiciliés régulièrement depuis six mois au moins dans la zone frontière et y retourner chaque jour.

La saison de neuf mois, nouvelle base fondamentale du statut du saisonnier, ne correspond à rien. Dès 1957 au moins s'est formée la catégorie dite des faux saisonniers. Cette année-là, l'activité sur les chantiers qui fermaient auparavant le 30 novembre fut prolongée jusqu'au 15 décembre, avec rentrée anticipée des travailleurs qualifiés au 1er mars. De dérogation en dérogation, la saison sur les chantiers finit par dépasser les onze mois. Depuis une décennie, les travailleurs saisonniers peuvent travailler dès les premiers jours de janvier. En 1970, la police fédérale a accordé le droit aux entreprises de faire entrer le 4 janvier 1971 50 % de tous les saisonniers attribués, tandis que l'autre moitié pouvait entrer au mois de février. La saison de neuf mois n'existe donc plus sur les chantiers. Le gouvernement suisse s'est alors entendu avec le gouvernement italien pour donner une permission annuelle aux ayants droit. Mais l'application de l'accord a tardé, entraînant de graves répercussions sur la vie de famille des saisonniers en raison de la trop longue séparation (57 % des saisonniers de 1973 sont mariés).

[La Suisse connaît, en cette période de crise, une montée des mouvements xénophobes d'extrême droite. Ce sont le mouvement républicain, dirigé par James Schwarzenbach, et l'Action nationale. Ces mouvements combattent, comme trop « laxiste », la politique de la main-d'œuvre immigrée du Conseil fédéral. — *note de J. Z.*]

Le rapport entre les mouvements xénophobes et les forces économiques et politiques qui gouvernent le pays n'est contradictoire qu'en apparence. Il est vrai que la droite xénophobe a facilement prise sur les couches de la population qui se sentent — et sont en fait — frustrées et exploitées par le grand capital ; d'autant qu'elle dénonce de façon démagogique mais efficace les effets négatifs du capitalisme sur la classe ouvrière. Faux anticapitalistes, les xénophobes perturbent le programme de la classe dominante en ce qu'ils réclament une réduction trop forte de la main-d'œuvre étrangère, qui aurait des conséquences catastrophiques pour l'économie du pays. Ils mettent enfin en lumière la contradiction entre l'internationalisme de la bourgeoisie et l'isolationnisme politique de vastes couches de la population. Il ne s'agit pourtant là que de contradictions secondaires : les xénophobes servent objectivement les intérêts de l'oligarchie dans la mesure où ils approfondissent la division entre travailleurs nationaux et ouvriers immigrés. (Delia Castelnuovo-Frigessi, *op. cit.*)

3

La pseudo-neutralité

1. « Théorie » de la neutralité[1]

« Neutres dans les grandes révolutions des Etats qui les environnaient, les Suisses s'enrichirent des malheurs d'autrui et fondèrent une banque sur les calamités humaines » (Chateaubriand). La neutralité suisse[2] est un concept utilisé avec art et constance par l'oligarchie impérialiste pour masquer sa praxis. L'État mercenaire et son gouvernement lui font écho. Mais les choses sont plus complexes : cette neutralité fictive a une histoire liée au surgissement du capitalisme, mais qui n'a pas été totalement déterminée par lui. Elle fut ratifiée par les puissances européennes à la paix de Münster en Westphalie, en 1648, puis renouvelée et confirmée par les puissances lors du congrès de Vienne en 1815. Le diplomate suisse Pictet-de-Rochemont fit alors admettre la thèse encore proclamée aujourd'hui par la Confédération : la Suisse n'est pas neutre pour elle-même, elle l'est pour les autres, car la présence d'un État neutre au cœur de l'Europe répond à l'intérêt particulier de chacun des États du continent.

Quelle est aujourd'hui la définition formelle de cette neutralité telle qu'elle est affirmée par le gouvernement visible de la

1. Il s'agit de la « théorie » telle qu'elle est produite par le sur-moi collectif de l'oligarchie elle-même. C'est ici qu'entrent en scène — pour paraphraser Gramsci — les indispensables « intellectuels organiques » du système impérialiste secondaire.
2. Il existe un texte officiel définissant la neutralité : cf. *Jurisprudence des autorités administratives de la Confédération*, année 1954, fascicule 24, p. 9, chap. « Relations avec l'étranger, notion de la neutralité ».

Confédération? Elle donne lieu, en son sein même, à de nombreux débats et interprétations. Étymologiquement, le terme « neutre » vient de l'adjectif latin *neuter* ou du latin médiéval *neutralis* qui veut dire : « Aucun des deux. » Il désignerait donc essentiellement un négatif. Si C est neutre, il n'est ni A ni B, ou, plus précisément, la définition de A et de B est totalement indépendante de celle de C; la définition de C, par contre, dépend de la forme et du contenu sémantique de la définition des deux autres, A et B. Le neutre est donc tout d'abord *ni l'un ni l'autre* [1]. Mais qu'est-il alors?

André Gorz dit : « La Suisse n'existe pas [2] », suggérant par là qu'un État qui se soustrait constamment à la prise de position internationale, qui refuse de prendre parti et nie parfois jusqu'à la réalité des conflits qui déchirent les hommes et les peuples, n'a pas vraiment d'existence internationale. Nous l'avons vu, cette vision des choses est erronée. La Suisse existe bel et bien. Elle est même une puissance impérialiste et qui compte. Il faut donc dépasser la discussion sémantique pour atteindre un niveau de réalité plus significatif, celui de l'auto-interprétation de l'oligarchie impérialiste et du gouvernement visible. Tous deux tombent d'accord sur un point : *la positivité de la neutralité*. En quoi consiste-t-elle? L'inventeur de la formule est un ancien conseiller fédéral, promu président de Nestlé :

> Les événements récents et les activités modestes qu'ils nous donnent l'occasion d'accomplir me paraissent démontrer que dans le monde actuel, il y a encore place pour une neutralité comme celle de notre pays, qui n'est pas une neutralité morale, indifférente, qui est sans rapport avec le neutralisme, qui n'est pas une fuite devant les responsabilités, qui n'implique aucune abdication dans les jugements portés sur les événements, qui

---

1. Pour l'étymologie du terme, cf. F. Blankhart, « Der Neutralitätsbegriff aus logischer Sicht », *Mélanges Edgar Bonjour*, Ed. Helbling, Lichtenhan, Bâle, 1968, p. 607 *sq.*
2. A. Gorz, cité par J. Halliday, *Svizzera, l'eldorado borghese*, Quaderni Piacentini, n° 39, novembre 1969, p. 206.

ne se dérobe pas devant l'action lorsque celle-ci peut être utile
à la cause de la paix [1].

La positivité de la neutralité s'appuie cependant sur une autre
notion : le terme de neutralité implique ceux de défense armée,
d'indépendance. La Suisse est neutre, elle n'est l'alliée d'aucun
des adversaires d'un conflit. Mais si ce conflit déborde sur son
territoire, s'il met en question sa capacité de se déclarer neutre,
autrement dit son indépendance, elle se défend les armes à la
main. Blankhart dit avec raison que « la neutralité est une sorte
de pacifisme local qui se réserve le droit à l'autodéfense [2] ».

Un troisième terme, enfin, vient s'ajouter à celui de « neutralité », c'est celui de *médiation*. Pictet-de-Rochemont dit à Metter-
nich à Vienne : la neutralité suisse est dans l'intérêt de tous les
États d'Europe. Cette vocation de médiation qu'invoque le
gouvernement visible est en fait fort modeste. Elle est essentiellement comprise comme la possibilité abstraite, pour deux ennemis, de se rencontrer en territoire neutre. Elle se réfère à la géo-
graphie plus qu'à la politique. Exemple : en 1962, lorsque le
gouvernement de la Confédération met l'ambassadeur Olivier
Long à la disposition des deux belligérants du conflit algérien et
que ce fonctionnaire fait la navette, messages en poche, entre la
délégation du GRP, installée au Signal de Bougy, pays de Vaud,
et les négociateurs français logés au château de Leusse (Haute-
Savoie), il remplit certes une mission utile. Cependant, la fonction concrète de l'ambassadeur Long est celle d'un facteur des
postes, non d'un médiateur. Jamais depuis la Seconde Guerre
mondiale le gouvernement suisse n'a accepté — ou, plus précisément, n'a eu l'occasion d'exercer — une véritable fonction de
médiateur. Cette fonction serait celle qu'assumerait dans un
conflit entre deux ennemis le tiers neutre qui, du fait de sa neutra-

1. M. Petitpierre, cité chez J. Freymond, « Neutralité et neutralisme »,
Revue des travaux de l'Académie des sciences morales et politiques, Paris,
1966, p. 98.
2. F. Blankhart, *op. cit.*, p. 617.

lité, se trouverait en mesure de rapprocher activement les points de vue antithétiques et de provoquer graduellement leur réconciliation, c'est-à-dire la fin du conflit. La positivité de la neutralité suisse n'implique pas — dans sa praxis — ce type de médiation-là[1].

Dans la pratique quotidienne de l'Etat, qu'est-ce donc finalement que la neutralité suisse ? Blankhart répond avec précision :

> La neutralité est, comme toute politique extérieure, une politique de défense d'intérêts. Elle a un but positif précis, celui de maintenir la souveraineté nationale. Mais ceci ne change rien au fait que la neutralité elle-même, si elle veut atteindre ce but, est purement négative. Plus, elle doit nécessairement se cantonner dans cette négativité. Sur le plan non militaire, cette négativité peut être doublée de certaines actions de solidarité. Cependant, la négativité elle-même ne peut jamais être réduite par de telles actions. Pour quiconque voulant être neutre, il n'existe qu'une seule neutralité. Personne ne peut être un peu neutre. Cette tentative se heurterait à la logique[2].

La neutralité helvétique se réduit donc à sa pure négativité. Ou, pour paraphraser Claude Lévi-Strauss : elle consiste entièrement dans sa méthode.

1. I. Galtung, in Buechi, Matter, *et al., op. cit.,* p. VII.
2. F. Blankhart, *op. cit.*

2. La colonisation de la politique étrangère

La colonisation de la politique étrangère de la Confédération s'opère par le biais de plusieurs démarches concurrentielles ou complémentaires que nous allons analyser successivement. La première et la plus importante est la prise en main — ou, du moins, l'infiltration — par l'oligarchie bancaire et le « Vorort [1] », de l'institution clé de la politique étrangère : *la Division du commerce* [2].

Étrange, fascinante institution que cette Division du commerce! Elle groupe 133 fonctionnaires, l'élite de l'administration fédérale. Elle dépend formellement du département fédéral de l'Economie publique : en réalité, elle fait ce qu'elle veut. Les hommes qui la gouvernent (un directeur et quatre délégués aux accords commerciaux qui ont tous rang d'ambassadeurs) sont des technocrates de la plus belle espèce : intelligents, brillants, capables, disposant d'amitiés sûres dans toutes les chancelleries importantes du monde, négociateurs hors pair, mais dépourvus de toute velléité critique face à l'oligarchie impérialiste ou à la politique américaine. Les hommes de la Division du commerce cultivent le mode de vie anglo-saxon, parlent de nombreuses langues et travaillent comme des damnés.

La Division du commerce dirige le commerce extérieur de la Suisse. Mais elle fait beaucoup plus : véritable laboratoire analytique de la Confédération, elle produit les grandes études conjonc-

---

1. Nom allemand, couramment utilisé en français, de l'*Union Suisse du commerce et de l'industrie*, le CNPF helvétique.
2. Cette instance fait — en Suisse — office de ministère du Commerce extérieur.

turelles, prodigue les « conseils » et prépare les décisions vitales pour le pays — comme l'accord avec la CEE, l'entrée à l'agence internationale de l'énergie — qui lui permettent, de fait sinon en droit, d'élaborer et de formuler la politique étrangère de la Confédération.

A partir d'un certain degré d'osmose, de communauté de vues, d'échange de personnel, il devient très difficile de dire qui, de l'oligarchie bancaire et industrielle ou de la Division du commerce, contrôle l'autre. Ou plutôt, s'il est bien entendu que la Division du commerce n'a elle-même aucun pouvoir et que tout pouvoir économique, financier, donc politique, est entre les mains de l'oligarchie, la complexité du capitalisme hégémonique est telle que l'observateur extérieur — et probablement les acteurs eux-mêmes — ne savent pas qui, dans le processus décisionnel, utilise, applique et oriente ce pouvoir.

Exemple : Qui, de l'ambassadeur Jollès [1], par ses analyses, ou du PDG de Weck [2], par ses décisions concrètes, organise l'actuelle politique de soutien de l'Union de banque suisse au régime raciste d'Afrique du Sud? Qui a organisé le blocus du Chili populaire? La Division du commerce, en diminuant la garantie fédérale à l'exportation pour les biens d'équipement que réclamait le gouvernement Allende, ou l'industrie mécanique qui refusa de livrer les pièces de rechange et les machines nouvelles? Qui, enfin, remet l'approvisionnement de la Suisse en pétrole entre les mains du cartel de combat (agence internationale pour l'énergie) dirigé par Kissinger, renonce à la voie indépendante des accords bilatéraux et favorise objectivement une politique anti-Tiers Monde : est-ce le résultat de l'alliance instrumentale habituelle de l'impérialisme secondaire helvétique avec l'impérialisme américain ou bien celui de l'analyse de la situation par la Division du commerce?

1. Paul-Rodolphe Jollès, directeur de la Division du commerce.
2. Philippe de Weck, PDG de l'Union de banque suisse.

Impossible de trancher! Tout ce que l'on peut constater — mais le fait est essentiel pour l'intelligence des démarches concrètes par lesquelles s'opère la colonisation de la politique étrangère par l'oligarchie — c'est une extraordinaire intimité, une véritable complicité intellectuelle et psychologique entre les dirigeants de la Division du commerce et ceux des sociétés multinationales, bancaires et industrielles [1].

Je me souviens d'une splendide soirée d'août 1973 à Bâle. La commission du Commerce extérieur du conseil national était l'invitée des Seigneurs de la chimie. Nous siégions à l'hôtel des Trois-Rois, magnifique bâtisse appartenant aux trusts pharmaceutiques, sur les bords du Rhin. Von Planta, long gaillard nerveux, PDG de Ciba-Geigy, fit une conférence pour expliquer aux naïfs parlementaires que nous étions en quoi notre politique monétaire (nous venions de décider le « floating » du franc) était totalement inepte. Le ton était paternel mais ferme. Puis ce fut le tour de son responsable des finances, un certain Schaer. Là, le ton fut plus agressif, celui du jeune cadre voulant prouver à ses patrons qu'il savait se montrer dur face à l'ennemi. Juste devant moi se tenait un digne vieillard hochant constamment la tête en signe d'approbation. C'était Staehelin, président de la Société de banque suisse qui, dans la longue guerre d'intrigues qui avait précédé la fusion des trusts Ciba et Geigy, avait assuré la victoire de Von Planta. Vint enfin l'heure du dîner offert par Ciba-Geigy. Schaer annonça que les parlementaires allaient être placés de telle sorte qu'à chaque table se trouvât soit un représentant de Ciba-Geigy, soit un homme de la Division du commerce. Ces hommes se chargeraient d'expliquer aux incultes parlementaires où se situait l'exact intérêt de la Suisse et quel était leur devoir en matière de politique monétaire. Je partis.

Cette interpénétration entre la Division du commerce et

---

1. Pour connaître la politique du commerce extérieur de la Confédération, voir l'annexe i (Hollenstein) au présent chapitre.

l'oligarchie impérialiste secondaire est un facteur politique
qui détermine la politique étrangère de la Suisse. Exemple :
la société multinationale Hoffmann-La Roche est un des plus
grands laboratoires pharmaceutiques du monde. Dans les
pays de la misère, son valium, ses vitamines, ses tranquillisants
sont vendus à des prix élevés. On a pu dire qu'il se livrait également en Europe à une politique de prix de cartel, enfreignant
les règles de la concurrence communautaire telles qu'elles ont
été fixées par le traité de 1972 entre la Suisse et la CEE. Un
fondé de pouvoir du trust, Stanley Adams, documents à l'appui,
dénonce de telles pratiques à Bruxelles auprès d'Albert Bors-
chette, commissaire européen chargé de la concurrence, qui
depuis plusieurs mois déjà, surveille le marché manipulé des
vitamines et des tranquillisants [1]. Que fait Hoffmann-La
Roche ? Elle demande l'arrestation pour « espionnage industriel » de Stanley Adams ! Chose plus incroyable encore, elle
l'obtient. Adams va en prison. Sa femme, mère de trois enfants,
se suicide. Que fait la Division du commerce, gardienne des
accords de 1972, dans toute cette affaire ? Elle appuie fer-
mement le point de vue de Hoffmann-La Roche.

La froide et implacable efficacité de Hoffmann-La Roche
est exemplaire. Une preuve : la façon dont, après le désastre
de Seveso, en juillet-août 1976, Adolf W. Jann [2], PDG du trust,
a décliné toute responsabilité — alors que les gaz toxiques TCD
qui infestent la région, et ravagent la santé des hommes, sortent
tout droit de ses propres cheminées [3] !

Dans l'affaire du valium que nous venons de citer, la société
Hoffmann-La Roche procède de la même manière : elle prend
comme avocat Me Claudius Alder, conseiller national et président du parti des indépendants. Le front politique est ainsi

1. Pour une analyse détaillée de cette affaire, cf. *le Monde,* 22 mars 1975.
2. Cf. p. 49.
3. Cf. interview du PDG de Hoffmann-La Roche, Adolf-W. Jann, dans
Der Blick, Zürich, 6 août 1976.

stabilisé : toutes les questions parlementaires relatives à l'affaire du valium sont purement et simplement enterrées par le bureau du Conseil et le gouvernement fédéral. Reste la presse : une équipe de la télévision de Zürich avait osé diffuser une émission critique de la conduite de Jann ? Réaction : Hoffmann-La Roche porte plainte pénale pour diffamation contre les journalistes, le cameraman, le preneur de son et le producteur de l'émission en question (titre de l'émission : « Kassensturz »). Le 8 juin 1976, la Commission de la CEE donne raison à Stanley Adams et condamne Hoffmann-La Roche au paiement d'une amende de 900 000 francs suisses. Mais en Suisse même, la société Hoffmann-La Roche reste toute-puissante. Quelques jours après le jugement de Bruxelles, Stanley Adams est condamné par le tribunal de Bâle à 12 mois de prison, 5 ans d'interdiction de séjour et 25 000 francs d'amende !

Hoffmann-La Roche n'est pas la seule multinationale helvétique à se comporter de la sorte. Exemple : Nestlé-Alimentana, première multinationale mondiale pour les aliments de nourrissons, le lait en poudre et le café soluble, emploie contre ses critiques les mêmes méthodes expéditives. Voici comment Nestlé procède à l'étranger : au Pérou, l'empire Nestlé a implanté une holding qui contrôle à son tour un certain nombre d'usines de transformation alimentaires. Cette société holding s'appelle *Perulac*. Elle se distingue parmi les multinationales américaines, allemandes, françaises installées au Pérou — qui, de façon générale, ne sont guère tendres pour leurs ouvriers — par une particulière dureté dans les rapports de travail et par un bas niveau des salaires. En 1971, les travailleurs de Perulac se mettent en grève. Nestlé refuse de discuter et appelle la police. Les militants syndicalistes, délégués des travailleurs, négociateurs ouvriers sont arrêtés et disparaissent dans les prisons militaires. Un groupe d'ouvriers fait alors appel au syndicat international des travailleurs de l'alimentation — l'UGTA — dont le secrétariat général est à Genève. Un envoyé du secrétaire général fait le voyage à Lima. Nestlé obtient aussitôt son arrestation et son expulsion du Pérou.

Nestlé se montre tout aussi efficace lorsqu'il s'agit d'étouffer ses critiques à domicile. En 1974, l'organisation anglaise d'aide à l'enfance « War on Want » publiait une brochure qui montre comment dans le Tiers Monde les vendeuses de Nestlé déguisées en infirmières découragent les mères de nourrir leurs bébés au sein, les incitent à acheter des produits artificiels et provoquent ainsi la sous-alimentation, des déficiences cérébrales et physiques des enfants. La brochure fut traduite en français (titre : « Nestlé tue les bébés ») par treize jeunes gens du « Groupe Tiers Monde ». Nestlé ne porta pas moins de cinq plaintes pénales différentes pour atteinte au crédit, dommage économique, etc. Le tribunal de première instance de Berne a condamné les treize inculpés le 24 juin 1976. Ceux-ci ont fait appel du jugement.

Je le répète : dans l'affaire Hoffmann-La Roche comme dans l'affaire Nestlé, comme dans les affaires similaires où une société multinationale affronte des critiques autochtones ou étrangers, la Division du commerce, comme par instinct, prend parti pour la société multinationale. Pourquoi cette conduite, cette solidarité aussi spontanée qu'efficace entre la Divison du commerce et les monstres froids ?

Je me contente ici d'une analyse phénoménologique. L'analyse structurelle est difficile à mener. Quelques indices, cependant : l'échange de personnel entre l'oligarchie et la Division du commerce est permanent. Rothenbuehler, secrétaire exécutif du « Vorort », est nommé délégué aux accords commerciaux et chargé du secteur Amérique latine. Au moment où il quitte l'organisation du patronat, un chef de section de la Division du commerce fait le chemin inverse : Veyrassat devient secré- taire du « Vorort » 1976 : le satrape de Nestlé en Autriche, Peter C. Bettschart, est nommé ambassadeur, délégué aux accords commerciaux. Autre indice : avant chaque grande négociation internationale, une procédure compliquée dite de

« consultation », qui permet trop souvent aux experts de l'oligarchie d'imposer leurs vues, est mise en marche. Autre indice encore : depuis la Seconde Guerre mondiale, il existe, sans base légale aucune, une délégation économique permanente, dans laquelle l'oligarchie joue un rôle déterminant, destinée à préparer les décisions économiques (intérieures et extérieures) du Conseil fédéral.

Il est vrai qu'entre la Division du commerce et l'oligarchie, des conflits peuvent surgir. Peter Nobel analyse avec précision leurs positions respectives dans les négociations internationales et introduit dans son étude un chapitre prudemment intitulé : « Les possibilités de conflit entre l'Etat et les sociétés multinationales [1]. » Il cite le cas du conflit qui a opposé, dans le cadre du GATT, lors de la difficile négociation du Kennedy-Round, le chef de la délégation suisse et certains de ses adjoints aux dirigeants de la société multinationale Sandoz (chimie — industrie pharmaceutique). Le gouvernement suisse exigeait de Sandoz un changement du comportement commercial de sa succursale aux Etats-Unis, conduite qui hypothéquait la position de la Suisse dans sa difficile négociation douanière et commerciale avec le gouvernement de Washington. Sandoz refusa, puis céda partiellement. Que le lecteur se rassure! De tels conflits ne surgiront plus à l'avenir. Le ministre fédéral de l'Économie de l'époque, ancien directeur de la Division du commerce, Hans Schaffner, est aujourd'hui vice-précident du conseil d'administration du trust bâlois!

Il peut certes paraître absolument normal — voire nécessaire — qu'un État souverain défende les intérêts concrets de ses citoyens à l'étranger, y compris ceux de ses banquiers, industriels, marchands d'armes. Mais ce qui se passe quotidiennement en Suisse n'a rien à voir avec cette obligation. Se trouve

1. P. Nobel, *op. cit.*

en fait substituée à la nécessaire défense de l'intérêt collectif la défense étroite mais efficace de certains privilèges. L'État devient un simple intermédiaire ou, plus fréquemment, l'outil de l'agression impérialiste. Ce que le Conseil fédéral dit et ce que le peuple majoritaire veut — l'articulation concrète d'une politique de neutralité active — est pur énoncé verbal. Celui-ci n'a rien à voir avec la réalité quotidienne de la politique étrangère suisse.

La deuxième démarche qui fonde cette colonisation de la politique étrangère de l'État par les banques d'affaires et les sociétés multinationales est plus difficile à cerner. Recourons à Keel qui produit le graphique suivant[1] :

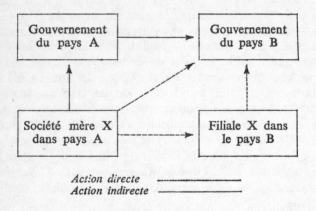

en fait substituée à la nécessaire défense de l'intérêt collectif

Les analyses sectorielles le prouvent : l'oligarchie impérialiste secondaire exerce un pouvoir considérable au sein de plusieurs États de la périphérie (voire du centre). Elle est donc capable de demander à ces États de formuler, à l'adresse du

1. Keel-Nguyen, *op. cit.*

Avec la participation effective des trois grandes banques suisses et de diverses grandes entreprises industrielles ont surgi des banques d'aide au développement privées qui exercent leur activité dans les pays en voie de développement avec des capitaux provenant de grandes entreprises européennes, américaines et japonaises. La Sifida (Société internationale financière pour les investissements et le développement en Afrique) travaille en Afrique. Lors de sa fondation en 1970, les trois grandes banques suisses participaient au capital-action de 50 millions de dollars (dont 12,5 millions payés) aux côtés de l'IFC et de la Banque d'aide au développement africaine. Le Crédit suisse assurait la coordination.

Pour l'Asie fut fondée en 1968 la Pica (Private investment company for Asia) à laquelle participent également les banques et l'industrie suisses.

Le plus ancien institut du genre est toutefois l'ADELA (Atlantic Community Development Group for Latin America). Parmi ses membres suisses se trouvent les trois grandes banques, ainsi qu'André SA, Gebr. Volkart, Ciba-Geigy, Elektro-Watt, Motor-Columbus, Nestlé, Bührle, Sulzer, Hoffmann-La Roche et Holderbank. « En sept ans et demi, ADELA a porté sa fortune de 16 millions à 300 millions de dollars et mobilisé par ses placements de capitaux plusieurs fois ce chiffre en moyens d'investissements. Le taux d'intérêt atteignait dans la dernière année commerciale 8,1 % du capital propre investi » (*Neue Zurcher Zeitung*, 9-2-1973).

Les sociétés privées d'aide au « développement » ont des fonctions de têtes de pont dans le Tiers Monde. Elles doivent faire des expériences et les échanger entre elles : « Les participations de l'ADELA ne sont accordées qu'à des entreprises saines et à bénéfices assurés » (H. Hofer). Au cours des cinq premières années et demie de son activité, l'ADELA a ouvert la voie et stimulé pour 400 millions de dollars environ de participations de la part de l'économie privée dans le Tiers Monde. Elle s'est renforcée de filiales spécialisées : Adelatec (Technical and Management Services Co SA), Adeltrade (Trade and Development Co SA), et enfin AAF (Assessores financieiros SA). (Kappeler, *op. cit.*).

gouvernement de la Confédération, des revendications qui correspondent à ses propres intérêts. Exemple : l'empire financier ADELA (Atlantic Community Development Group for Latin America), gouverné par une coalition de banques d'affaires suisses et étrangères, opère en Amérique latine. J'ai pu vérifier les « effets » de la politique d'ADELA au Paraguay. ADELA s'y est implantée il y a quatre ans. Elle a racheté la CAPSA (Compagnia alcodonera paraguaya SA). CAPSA/ADELA domine aujourd'hui plus de 80 % du marché du soja au Paraguay. Ses usines traitent également le coco, le coton et les graines de tournesol. Le soja est (avec ses produits dérivés) le principal produit du petit et moyen paysan paraguayen [1]. Environ 75 % de la production agricole (excepté les produits du bétail) relèvent, en termes de valeur marchande, du soja. Environ 140 000 tonnes sont produites tous les ans et exportées vers le reste de l'Amérique latine, l'Asie, l'Europe. ADELA possède trois usines-mères (huile, margarine et transformation des déchets en alimentation animale).

Mais CAPSA/ADELA élargit sans cesse son empire par des méthodes efficaces : dans la région de Pirapoa, où travaillent plusieurs milliers de petits paysans japonais immigrés [2], une société japonaise projeta de construire une usine d'huile végétale permettant l'utilisation (au meilleur prix pour le paysan) du soja planté par la communauté japonaise. CAPSA/ADELA construisit à proximité une usine qui se mit à pratiquer une politique de prix élevés à l'achat. L'usine japonaise ne put survivre. Ayant liquidé le projet communautaire japonais, CAPSA/ADELA ferma alors son usine dans la région.

Voici comment CAPSA/ADELA procède : la vente du

---

1. ADELA a pratiquement le monopole à l'exportation du soja, huile végétale et produits dérivés.
2. L'élevage est le privilège de quatre familles latifundiaires et de sociétés étrangères qui contrôlent la majeure partie des terres. Exemple : la société multinationale Liebig (anglaise) possède à elle seule près de 15 % du sol paraguayen.

soja par le paysan commence en avril. Le gouvernement du Paraguay fixe alors un prix impératif d'achat. En avril 1974, le décret gouvernemental fixe ce prix à 21 guarani. CAPSA/ADELA refuse d'acheter. Elle réclame un prix d'achat de 16 guarani. Les paysans rentrent chez eux, ramenant leurs sacs de soja entassés sur les chars à bœufs. Le scénario classique, le même depuis quatre ans, se déroule alors implacablement. Les mois passent, les maigres réserves financières des paysans s'épuisent. Si, en août, CAPSA/ADELA n'achète toujours pas, les paysans meurent de faim[1]. En 1974, comme les années précédentes, CAPSA/ADELA tint bon, le gouvernement céda et les paysans avec lui : ils vendirent leur soja au prix dicté par la société, soit 16 guarani l'unité[2].

Les dirigeants d'ADELA, qui exercent une influence dominante sur le gouvernement du Paraguay, n'en ont pas moins le sens du « social ». Justement émus par la souffrance de la petite paysannerie, des ouvriers agricoles et des sans-travail, ils ont suggéré au général Stroessner de demander l'aide de la Suisse ! La Confédération — c'est-à-dire les contribuables suisses — financent ainsi un vaste programme d'assistance technique au Paraguay : pas moins de quatre projets d'aide au développement sont actuellement en voie d'exécution : une usine d'alimentation animale à Minga Guazu, destinée à aider les petits paysans et éleveurs de porcs dans l'Est du pays; deux écoles professionnelles, l'une ouverte aux ouvriers forestiers, l'autre aux apprentis-mécaniciens; enfin, le quatrième projet, de loin le plus important, comporte une école de coopérative, une école agricole, une école ménagère, une scierie industrielle,

---

1. Le soja étant devenu une quasi-monoculture pour des milliers de paysans, ceux-ci doivent acheter une grande partie de leur nourriture (manioc, sucre, farine, etc.).
2. A ce type d'oppression, il faut en ajouter un autre : non seulement ADELA dicte ses prix d'achat du soja mais elle détient aussi le monopole de la vente de l'huile végétale au Paraguay. Le prix de vente d'un litre d'huile était en 1974 de 110 guarani. Il faut 5 kg de soja à 16 guarani le kg pour fabriquer un litre d'huile.

Diverses firmes suisses, actives dans le Tiers Monde, ont eu l'idée
de financer leur programme d'investissement avec l'aide tutélaire et
efficace des fonds de la Banque mondiale. Exemples : toute une série
de sociétés financières servent depuis le siècle passé à financer de nouveaux clients, par filiales interposées, afin d'ouvrir des débouchés pour
des appareils électriques. La Sudelektra (Société d'électricité sud-
américaine) finance des usines électriques au Pérou. Ses filiales du
Pérou, la Lima Light et la Hidradina, jouissent de grands privilèges,
une loi d'exception péruvienne les autorisant à réaliser un bénéfice net,
libre d'impôt, de 8,5 % et une marge bénéficiaire soumise à l'impôt
de 3 % ; en échange de quoi les sociétés sont tenues à une augmentation annuelle de leur capacité de production de 10 %.

Le conseiller d'administration Kohn, de la Sudelektra (Motor-
Columbus), remarque : « Le transfert de dividendes, intérêts et
amortissements a bien fonctionné malgré des restrictions de devises
radicales et de sévères prescriptions de transfert. » Ce qui nous
intéresse ici, c'est le fait que, de l'ensemble des investissements de
925 millions de francs de la Sudelektra, 525 millions ont été financés
par l'émission d'obligations en dollars et en francs suisses. La Banque
mondiale participa pour 290 millions de francs, le reste (230 millions
de francs environ) fut placé directement par le groupe Sudelektra ou
par l'intermédiaire du marché du capital suisse. La Banque mondiale a
ainsi apporté plus de la moitié du capital étranger aux investissements
de la Sudelektra et 30 % de la valeur totale du capital investi de
925 millions de francs. La Sudelektra paie à ses actionnaires privés en
Suisse, depuis longtemps déjà, un dividende de 12 %.

La Compania Italo-Argentina (CIA) est un autre membre du
groupe financier gravitant autour de la Motor-Columbus. Elle a,
pour sa part, une prétention légale à 8 % de bénéfice net (après
amortissement), accordée par le gouvernement argentin. La CIA a
obtenu en 1969 de la Banque d'aide au développement interaméricaine
(dont l'un des quatre principaux bailleurs de fonds est la Suisse) un
prêt de 15,8 millions de dollars pour l'agrandissement des installations,
ainsi qu'un crédit de 42 millions de francs d'un consortium de ban-

des fermes modèles et des élevages de bétail importé. L'ensemble
de ces entreprises se situe dans la région de Pastorea, près d'En-
carnacion. Il est destiné à aider les quelque 30 000 « colones »,

ques suisses en 1966. 45 autres millions de crédits de banques suisses sont allés à la Banque industrielle d'Argentine. Cet argent a permis l'achat de marchandises suisses, parmi lesquelles un turbogroupe de 250 000 W, le plus gros d'Amérique du Sud. Le *Bulletin de la Société de banque suisse* (n° 3, 1967) parle d'une « aide financière appréciable », entendant par là les transactions financières soutenues par la banque interaméricaine et garanties par les gouvernements argentin et suisse.

De très importantes firmes suisses sont parvenues à obtenir des crédits de la Banque mondiale et à les utiliser pour leur activité commerciale « normale ». Il en naît en quelque sorte un circuit fermé, une implantation insulaire de la circulation des capitaux suisses dans les pays du Tiers Monde. Des capitaux helvétiques sont canalisés par les banques vers la Banque mondiale ; de ses emprunts la plus grande partie sert à l'achat de biens industriels suisses. C'est l'économie suisse seule, et non celle du pays en voie de développement, que fertilisent les crédits de la Banque mondiale! Lorsque les installations commencent à travailler, la recette provenant du pays en voie de développement doit payer des intérêts à la Suisse, c'est-à-dire qu'une part considérable du bénéfice éventuel s'en va. Dans la mesure où, pendant toute la durée de l'emprunt, les installations qu'il finance donnent 15 % de recettes sur le capital investi (ce qui est une estimation élevée), les 6 à 8 % d'intérêt engloutissent la moitié de l'argent acquis. Sans compter qu'il faut aussi consacrer des sommes au remplacement des pièces usées de l'installation. En quinze ans, les versements annuels de 6 à 8 % de la recette représentent une somme d'au moins 90 % du prêt initial. S'il n'est pas prolongé, l'échéance arrive à terme au bout de ces quinze ans. En plus des intérêts et des frais consacrés à l'entretien des installations, il faut donc mettre de côté, pendant quinze ans, les sommes destinées au remboursement, soit l'accumulation d'un fonds d'amortissement auquel s'ajoutent 6 % de la somme prêtée. Dans le pays en voie de développement, il ne reste donc plus, une fois le prêt remboursé, qu'une installation qui date alors d'une décennie et demie... (Kappeler, *op. cit.*)

---

paysans sans terre et leurs familles, que le gouvernement du général Stroessner a déportés, sans préparation ni équipement, dans la forêt vierge du Haut-Parana. Tous ces projets suisses

Les grandes sociétés suisses d'ingénieurs-conseils ont fortement étendu leur activité dans le Tiers Monde. L'enquête du Vorort sur l'économie suisse et l'intégration européenne signale le fait que le champ d'activité principal des sociétés d'ingénieurs-conseils est le Tiers Monde. Nous incluons cette activité dans notre étude parce que ses recettes prennent souvent le caractère de « produits invisibles », comme ceux des capitaux des banques et des assurances. Les sociétés d'ingénieurs ne vendent pas principalement des installations et des biens, mais leurs connaissances techniques qu'ils mettent à disposition pour la construction d'installations spécifiques ou pour la production de certaines marchandises. Au Tiers Monde, ils témoignent malheureusement et de nouveau de ce caractère d'insularité déjà énoncé : leurs connaissances viennent de l'extérieur, des écoles et laboratoires suisses; elles sont introduites par des cadres suisses et font par la suite refluer hors du pays en voie de développement un profit élevé et répété. Comme exemples de l'activité des sociétés d'ingénieurs suisses, on peut citer les études de l'Elektro-Watt et de la Société Générale pour l'Industrie, pour les usines électriques de Taiwan (financées par la Banque d'aide au dévelop-

sont conçus pour combattre la misère des paysans paraguayens : misère terrible mais dont ADELA, succursale de grandes banques suisses, est justement l'artisan [1]!

Autre exemple : la Lima Light and Power Company, puissant monopole suisse de l'industrie énergétique de la région de Lima (Pérou), construisit durant les années 1950-1960 une série de barrages et centrales sur les contreforts des Andes du Pérou central. Elle déplaça une masse de paysans, d'ouvriers semi-qualifiés qu'elle incita à la migration et parfois à l'abandon de leurs maigres terres. Or, vers le milieu des années soixante, les constructions une fois terminées, la main-d'œuvre se retrouva au chômage. Au lieu d'assumer ce grave problème social,

1. Les seigneurs d'ADELA ne manquent pas d'ironie. Leur homme au Paraguay s'appelle Fischer. Ce Fischer est un ancien expert engagé par la Confédération pour organiser une coopérative agricole et d'élevage à Jenaro-Herrera (Pérou).

pement asiatique) ou la commande vénézuélienne à la Motor-Columbus d'une usine électrique à grande puissance. A Anbarli (Turquie) des sociétés d'ingénieurs suisses sont également actives. Cette activité provoque, dans la plupart des cas, de grosses commandes à l'industrie suisse. Pour les installations de la Suiselektra en Amérique du Sud, le projet était entre les mains de la Banque des chemins de fer et de la Motor-Columbus. Ainsi les firmes suisses furent-elles assurées des commandes... Selon Tibor Mende, les sociétés d'ingénieurs-conseils qui deviennent aujourd'hui une des formes dominantes de la concurrence internationale des monopoles, maintiennent un contrôle de fait sur les structures de l'investissement et interdisent à celles-ci de s'adapter aux capacités de production déjà existantes, ou de coordonner leurs projets pour pouvoir organiser une production d'équipement national. En 1967, cette branche réalisait des bénéfices d'un peu moins de 500 millions de francs nets par an. Avec une augmentation — critiquée par la CNUCED — de 20 % annuels, le milliard devrait être aujourd'hui dépassé (Kappeler, *op. cit.*).

de tenter de recycler cette masse de manœuvres, le PDG suisse Mariotti, de la Lima Light and Power s'adressa au gouvernement péruvien et celui-ci demanda l'aide de la Confédération helvétique ! Le gouvernement suisse mit des millions de francs, des experts, des vaches et des machines à la disposition du gouvernement péruvien pour réétablir, nourrir, éduquer et occuper les hommes, femmes et enfants déracinés par la migration sur les chantiers de la Lima Light and Power.

Dernier exemple, celui de Motor-Columbus, puissante maison d'ingénieurs-conseils. Motor-Columbus a établi un plan de développement industriel en Équateur. Ce plan a été conçu à la demande du gouvernement local, mais les honoraires de Motor-Columbus ont été payés à raison de 2 millions de francs suisses par le service de la Coopération technique, c'est-à-dire par le contribuable helvétique. Une fois le plan élaboré, c'est, comme par hasard, un consortium suisse qui s'est adjugé à des conditions avantageuses le plus grand projet, la construction d'une usine hydraulique. « Informé » et guidé par Motor-Columbus, le gouvernement d'Équateur a ensuite conclu avec la Suisse une convention-cadre de coopération technique bilatérale.

Révélons une autre dimension de cette pseudo-neutralité. L'Organisation internationale du travail, à Genève, a élaboré au cours de son existence 143 Conventions internationales relatives à la liberté syndicale, à la protection du travail, à l'égalité salariale, à l'hygiène dans l'entreprise. La Confédération en a ratifié 31. Pour un citoyen suisse qui, à partir de la Suisse, commet un crime à l'étranger, le code pénal est applicable. Mais les sociétés multinationales dont le quartier général est en Suisse et qui, à l'étranger, commettent des actes contraires à la loi suisse et aux conventions internationales signées par la Suisse, n'ont rien à craindre. Ces conventions ont pourtant été ratifiées par la Confédération qui, de ce fait, s'est engagée à les faire respecter par ses sujets de droit. Or, la Confédération n'intervient pratiquement jamais[1].

Un autre chapitre, peut-être le plus tragique, de l'histoire de cette pseudo-neutralité est écrit quotidiennement par les trafiquants d'armes de guerre. Le trafic de mort est une activité essentielle de tous les impérialismes secondaires. En Suisse, il relève de trois catégories distinctes :

1. Les marchands internationaux à qui la Suisse sert d'arrière-base opérationnelle ou de plaque tournante. Installés dans un bureau discret de la rue du Mont-Blanc à Genève ou dans un chalet à Gstaad, ils achètent, vendent, transfèrent et revendent des armes sans que jamais celles-ci ne touchent le sol suisse. Seuls le télex, les ports-francs, les facilités de transport, les comptes

---

1. Pour connaître les effets sociaux, économiques et politiques des industries privées suisses dans les pays dépendants, voir annexe (Strahm) au présent chapitre.

numérotés, les bureaux sont fournis par les institutions locales [1]. Exemple : plusieurs députés se sont étonnés que Samuel Cummings, PDG d'Interarmco, Monaco, la plus grande entreprise privée de trafic d'armes du monde [2], puisse séjourner (et « travailler ») pendant plusieurs mois chaque année dans son chalet de Villars-sur-Ollon. Le Conseil fédéral, pourtant parfaitement informé de la situation, n'a jamais rien entrepris contre Cummings.

2. Une deuxième catégorie de trafiquants d'armes possède, elle aussi, tous les signes de la respectabilité. Ce sont les grandes sociétés multinationales et pluri-productrices, d'origine étrangère, qui ont établi leur quartier général à Zürich ou à Genève. Deux exemples : le plus grand fabricant de napalm du monde, la Dow Chemical Corporation, a son quartier général extra-américain à Zürich. Elle possède quatre sociétés « suisses » de vente, de gestion et de financement différentes [3]. Tout le napalm vendu hors des États-Unis est administré, comptabilisé, financé par le quartier général de Zürich. Autre exemple : Honeywell. Cette société est le plus grand fabricant du monde d'engins antipersonnels (bombes à billes, mines à fragmentation, etc.). Chaque jour, quelque part dans le monde, des enfants, des hommes et des femmes tombent, brûlés par le napalm ou déchiquetés par des bombes à billes. Deux millions d'enfants sont morts ainsi entre 1968 et 1971 en Indochine [4]. Interpellé par deux fois à ce sujet, le Conseil fédéral a déclaré qu'il ne pouvait « rien faire » contre la Dow Chemical à Zürich ni contre Honeywell à Genève [5].

---

1. Seules la fabrication en Suisse et l'exportation sont soumises à autorisation. Aussi longtemps que les armes ne transitent pas par la Suisse, n'importe quelle banque, n'importe quel trafiquant individuel peut acheter, vendre, revendre des armes de guerre à partir de Genève, Lausanne ou Zürich.
2. *Time*, 3 mars 1975.
3. Cf. inscriptions au registre du commerce du canton de Zürich.
4. Rapport E. Kennedy, sous-comité pour les réfugiés, Sénat des États-Unis, Éd. Librairie du congrès, juin 1971.
5. Réponse du gouvernement aux interpellations de J. Ziegler (conseil national) du 28 juin 1972 et du 12 décembre 1973.

3. La troisième catégorie comprend les sociétés multinationales d'armement autochtones. Il n'y en a guère que deux. D'abord, l'empire de l'étonnant Dieter Bührle, fils rangé d'un marchand exceptionnel. Bührle père fut l'un des fournisseurs d'armes les plus importants de la Deuxième Guerre mondiale. C'était aussi un humaniste : il a créé la plus grande collection privée d'Europe d'impressionnistes français. L'empire qu'il a légué à son fils s'étend sur trois continents. En Suisse, il compte notamment la maison mère d'Oerlikon (banlieue de Zürich) et Hispano (Genève). L'empire Bührle est spécialisé dans la mitrailleuse, le canon et la tourelle de char. La deuxième société multinationale autochtone est la Sig-Schaffouse qui fabrique le fusil d'assaut.

Ces sociétés sont pratiquement intouchables. Pour plusieurs raisons : d'une part, elles fabriquent, à des conditions financières pratiquement dictées par elles-mêmes, les armes destinées à l'armée suisse; elles peuvent donc se prévaloir de travailler pour le « bien du pays »; d'autre part, elles disposent d'une énorme puissance financière. Ces sociétés réalisent des profits vraisemblablement astronomiques [1]. Elles profitent en effet d'une situation historique tout à fait particulière : Bührle, Contraves, Sig-Schaffouse ne fabriquent que peu d'armes lourdes, leur spécialité est l'arme d'infanterie, le fusil d'assaut, le canon anti-aérien, la mine antipersonnelle. Les firmes suisses détiennent même le monopole d'une certaine partie du matériel de guerre sur le marché mondial. Exemple : les avions Pilatus à décollage sur 25-30 mètres. Les seules guerres, répressions internes et expéditions punitives — exception faite de la

---

1. L'industrie d'armement suisse refuse de publier des comptes complets sur ses frais et ses profits. Elle prend prétexte du secret militaire. Aux USA, en revanche, les industries d'armement sont obligées de révéler toute leur comptabilité. Or, on constate que les profits de ces industries sont beaucoup plus élevés que ceux des entreprises civiles correspondantes : 17,5 % contre 10,6 % en moyenne ; cf. Delay *et al.*, *Documentation pour l'initiative contre l'exportation d'armes*, Genève, 1972.

guerre du Moyen Orient — qui « consomment » aujourd'hui encore une grande quantité d'armes et de munitions de cette sorte sont les conflits entre (ou à l'intérieur) des nations instables, perpétuellement déchirées du Tiers Monde. Les dirigeants de ces nations n'ont que rarement les moyens de se payer des B-52 ou des porte-avions. Par contre, ils achètent en quantités impressionnantes des armes légères qu'une soldatesque peu sophistiquée peut manier sans difficultés. Le 8 octobre 1967, Ernesto Che Guevara fut assassiné à Higueras (Bolivie) par un fusil d'assaut suisse. Les Rangers boliviens avaient été équipés en 1966 par Sig-Schaffouse, en vertu de l'accord Barrientos/Sig ratifié par le Conseil fédéral. La même arme helvétique est aujourd'hui entre les mains des « boïnas negras », ces tueurs de l'armée chilienne spécialisés dans l'exécution d'ouvriers, d'étudiants et de paysans « en fuite »[1].

La farce de la pseudo-neutralité helvétique m'a toujours rempli d'un étonnement profond. Au parlement, je ne me lasse jamais d'écouter les interminables discours du président de la Confédération sur « l'interdépendance » et la « solidarité » entre les peuples. Ils ont l'irréalité poétique des mensonges par ignorance ou naïveté. Malheureusement, ces mensonges tuent.

---

1. Les exportations d'armes augmentent sans cesse. Elles étaient de 236 millions de Frs en 1974; de 369 en 1975 (croissance : 133 millions!). Ces armes vont de préférence aux dictatures répressives : premier client en 1975, l'Iran; second, l'Espagne. L'Afrique du Sud est également un excellent client.
   Il existe théoriquement une loi fédérale sur les exportations et la fabrication d'armes de guerre. Cette loi est largement inopérante : la Suisse fournit des marchés de transit — tel Singapour — d'où les armes sont revendues à des pays pourtant frappés par l' « embargo ».

ANNEXE

Le caractère agressif et non neutre de la politique
étrangère suisse se révèle avec une particulière évidence lors de l'analyse de la politique du commerce
extérieur et de celle de l'investissement privé opéré
par le capital financier dans l'aire tricontinentale.
Ces deux types d'activités sont analysées ici par
Hollenstein et par Strahm. j.z.

I. LA POLITIQUE DU COMMERCE EXTÉRIEUR

Voici les faits [1] :

1. Les pays en voie de développement réalisent plus de 80 % de
leurs revenus d'exportation grâce à des matières premières dont les
prix, pour diverses raisons, augmentent plus lentement que ceux
des objets manufacturés (problématique des *terms of trade*). L'augmentation de la consommation étant soumise, en ce qui concerne
les produits agricoles surtout, à une stricte limitation, les recettes
ne peuvent grossir que grâce à une exportation augmentée; ceci
impose la suppression du protectionnisme rural pratiqué par les pays
industrialisés.

2. Vu la limite fixée à l'augmentation de la consommation de
matières premières, vu leurs prix en baisse relative, vu la production
unilatérale dont la structure remonte à l'époque coloniale, l'augmentation de l'exportation de produits manufacturés est d'une importance
décisive pour les pays en voie de développement. Sa condition :
ouvrir aux produits du Tiers Monde des marchés dans les pays industriels et aider à leur écoulement par la création de nouveaux débouchés.

3. La tendance à la baisse des « terms of trade » et les fortes fluctuations de prix des matières premières font subir aux pays en voie
de développement de lourdes pertes qu'il importe de réduire ou de
compenser .

Même si le système douanier suisse est plus généreux que ceux
des grandes puissances européennes et du Japon (les USA n'ont

---

1. L.B. Pearson *et al.*, « Le rapport Pearson », document ONU, 1969.

encore rien accordé dans le domaine des préférences — « burden sharing »), une forte augmentation des importations de produits manufacturés en provenance des pays en voie de développement n'est pas facilitée. En voici les raisons :

1. Dans les pays en voie de développement, l'industrialisation serait plus facile et plus rapide si elle s'implantait dans un secteur de production voisin de l'agriculture — des denrées alimentaires par exemple. Malheureusement, ces produits ne profitent que rarement d'allégements douaniers. Quand cela arrive, il s'agit de cas particuliers, notamment de marchandises qui ne concurrencent pas la production suisse. Pour ces mêmes produits, des avantages souvent plus grands ont été en outre consentis aux États de l'AELE (Association européenne de libre échange, dont la Suisse continue de faire partie). La plupart des pays en voie de développement sont donc d'avance rayés de la liste des bénéficiaires des préférences douanières.

2. L'accord de libre échange Suisse-Marché commun (CEE)[1] amoindrit l'importance des préférences pour une marchandise manufacturée exportée par les pays en voie de développement[2]. A cause du libre échange européen plus compétitif, le marché européen verra une concurrence renforcée ; elle diminuera les anciens avantages des prix proposés par les pays en voie de développement. D'autres règles, enfin — le principe du cumul, particulièrement — poussent à la division du travail en Europe même aux dépens des pays supposés en voie de développement. Il est en effet plus avantageux de s'approvisionner en « préproduits » auprès des États européens, cette méthode seule permettant une fabrication d'ensemble (cumul) pouvant se réclamer du « Swiss made », donc du droit d'exporter librement vers la Communauté européenne[3]. La tendance à soumettre des matières premières à une première préparation dans des pays en voie de développement en est ainsi freinée. Les zones de libre échange amènent d'importantes mutations du commerce[4] dont le Tiers

1. Accord entre la Confédération suisse et les communautés européennes. *Message du Conseil fédéral à l'assemblée fédérale*, 16 août 1972. Texte de l'accord et des documents complémentaires, Berne, 1972.
2. La suppression des droits de douane au sein de la CEE s'effectue de 1973 à 1977 en 5 étapes de 20 % chacune.
3. « Service d'information Tiers Monde », *Bulletin* n° 13, 21 novembre 1972, Berne.
4. Voir par exemple « Enquête du secrétariat AELE », *NZZ* n° 291, 25 juin 1972.

Monde supporte mal les effets négatifs. Il faut dès lors se demander s'il n'est pas trop optimiste d'attribuer à la croissance économique qu'on attend de l'intégration européenne le pouvoir de combattre efficacement, par un supplément de demandes de marchandises aux pays en voie de développement, tous ces inconvénients [1].

3. Des marchés plus facilement accessibles par la baisse des tarifs douaniers, voilà certes une condition nécessaire mais nullement suffisante pour qu'augmentent les importations en provenance des pays en voie de développement; ces pays voudraient pouvoir user, dans leurs exportations, de possibilités nouvelles. « C'est leur affaire », répond le Conseil fédéral [2]. « A eux de créer un climat d'investissement si séduisant qu'il attire irrésistiblement les fonds des firmes étrangères. » Marketing et création de débouchés nouveaux sont eux aussi laissés aux soins des pays en voie de développement...

Concluons provisoirement.

Parce que les produits d'exportation (potentiellement importants pour les États du Tiers Monde) sont soumis aux droits de douane, parce que le libre échange européen diminue fortement le rôle des préférences et parce qu'aucun effort suivi ne permet aux pays en voie de développement de tirer des taxes de faveur un profit maximum, il se pourrait que leurs exportations ne récoltent finalement des préférences douanières qu'un infime avantage.

Le problème du marché des matières premières — des denrées agricoles tout particulièrement — est lié quant à lui au problème des *terms of trade*. Commençons par noter qu'aujourd'hui, vu la faible augmentation de la consommation, les importations de matières premières en provenance des pays en voie de développement ne peuvent accroître substantiellement leur importance que par la suppression du protectionnisme agraire des pays industriels, y compris la Suisse. Il est ensuite établi que la baisse des prix des matières premières agricoles touche autant le paysan suisse que la population (moins une minorité favorisée) des pays en voie de développement. Les fortes fluctuations des prix de ces matières premières rendent impossible une planification économique rationnelle.

Donner à tous ces problèmes une solution dans le sens de la soli-

---

1. Comp. UNCTAD, TD/B/C 5/8, *Effects of the Enlargement of the European Economic Community on the Generalized System of Preferences*, 1973.
2. Réponse du Conseil fédéral à l'interpellation du conseiller national Müller-Marzohl, concernant l'encouragement à l'importation, du 6 octobre 1972.

darité réclame l'établissement progressif d'un ordre basé sur les principes suivants :

1. Grâce à un système de conventions internationales, *stabilisation* du prix des matières premières à un niveau calculé d'après l'offre et la demande.

2. *Suppression* progressive du protectionnisme agraire lié à une participation accrue au marché des pays en voie de développement, dans le cadre de l'accord sur les matières premières *(market sharing approach)* [1].

Une condition à ces deux mesures : que les producteurs de matières premières aient l'assurance de rentrées ne dépendant plus de la politique des prix. Donc :

3. Dans les pays industriels, des allocations directes aux paysans leur garantiront des rentrées; dans les pays en voie de développement producteurs de matières premières, versement de compensations destinées à couvrir les pertes dues à la détérioration des *terms of trade.* (Hollenstein, *op. cit.*)

II. LES EFFETS DES INVESTISSEMENTS PRIVÉS ÉTRANGERS DANS LES PAYS PAUVRES [2]

a. *Les effets sur la prospérité publique*

Argument. Les investissements privés sont productifs, c'est-à-dire qu'ils augmentent la production de marchandises en même temps que le produit national. Ainsi, les estimations de rentabilité des investisseurs privés offrent la meilleure garantie que les ressources seront utilisées productivement.

Critique. L'augmentation de la production de marchandises, dans des économies publiques où elles font gravement défaut à une majorité de la population, n'est certes pas un facteur négligeable. Le développement implique en effet la mise à disposition d'un plus grand nombre de produits utiles. Mais le problème est de

1. Voir UNCTAD, TD/99, *The International Development Strategy in Action/ the Role of UNCTAD.* Report by the secretary general of UNCTAD, février 1972.
2. R.H. Strahm, « Critères de jugement de l'effet de développement des investissements privés dans les pays en voie de développement », *Les Investissements privés suisses,* Éd. Institut universitaire des hautes études internationales, Genève, p. 60-97.

savoir lesquels d'entre ces produits apparaissent utiles et à qui ils servent en premier lieu. Les économistes ont leur langage pour exprimer la prospérité publique : le produit national brut, notamment, en dit long à leurs yeux. La valeur marchande de la production et celle des services sont réunies et servent de mesure à la production industrielle et agricole. Il est cependant évident que la définition courante du produit national brut ne reflète d'aucune manière la qualité de la vie [1].

Les investissements privés ne sont pas un élément de prospérité du simple fait qu'ils « travaillent » rentablement pour les entrepreneurs. Le compte « coûts-avantages » de l'entrepreneur privé n'est pas identifiable à une analyse « coûts-avantages » du point de vue de la collectivité. Ce qui paraît rentable à l'entrepreneur sur le plan de l'économie privée ne l'est peut-être pas sur celui de l'économie publique.

L'analyse « coûts-avantages » du point de vue de la collectivité ne s'est développée qu'au cours de ces dernières années [2]. Tout projet industriel peut engendrer des coûts que ne supporte pas l'entrepreneur mais la communauté : frais pour infrastructure, trafic, énergie, écoles, appartements; réductions éventuelles des impôts, effets externes sur le système écologique, etc. [3]. L'évaluation de tous les effets externes en unités monétaires n'est pas possible scientifiquement. C'est une question politique qui dépend finalement de celui qui a pouvoir de faire valoir ses exigences ou ses torts.

Les firmes suisses qui, en règle générale, tiennent elles-mêmes très peu compte des frais sociaux qu'elles occasionnent, sont, là aussi, très avares de renseignements. Voici un exemple typique de la négligence du capitalisme concernant les effets nuisibles externes impu-

1. On en arrive enfin à comprendre aujourd'hui que le produit social brut (BSP) n'est pas forcément le reflet de la prospérité. Par exemple, si j'ai un accident de voiture, j'augmente le BSP du prix de la réparation et des frais d'hôpitaux. Si je mets un franc dans le parcmètre, j'augmente le BSP de mon pays d'un franc. Une ouvrière d'usine augmente le BSP. Mais si elle reste à la maison et élève ses enfants, elle n'est pas productive, économiquement parlant, etc.

2. Dans la littérature économique mondiale, il n'existe à ce sujet que deux ouvrages complets : J.M.D. Little/I.A. Mirrless, *Manual of Industrial Project Evaluation in Developing Countries, Social-Cost-Benefit-Analysis*, vol. II, OCDE, Paris, 1968; et P.D. et A. Sen/S. Marglin, *Guidelines for Project Evaluation*, UNIDO, New York, 1972.

3. Little/Mirrles, *op. cit.*, p. 209 *sq.* (édition française p. 241 *sq.*). Dans l'analyse sociale « Cost-Benefit », de tels frais sont placés avec ceux que l'on appelle les « prix de référence » (shadow prices). Traiter du procédé dans le cadre de cette annexe entraînerait trop loin.

tables à l'établissement d'installations industrielles privées. Il s'agit de la description par un directeur de Sandoz d'un projet au Pakistan :

> Dans ce pays sous-développé, sec et pauvre en végétation, on trouve rarement réunis autant d'avantages sur un seul terrain : proximité relative de Karachi avec port et aéroport internationaux... bonnes voies de communications, proximité de l'Indus pour tirer de l'eau, lit d'un ruisseau voisin pour la dérivation ; des eaux industrielles, épurées dans une simple installation de clarification ménagère, s'écoulent ensuite avec l'eau de refroidissement et les eaux chimiquement chargées dans un bassin de compensation où l'évaporation s'effectue normalement. Pendant la saison des pluies, courte et violente, il y a modification forcée du processus et le bassin de compensation déborde dans les fossés conducteurs d'eau, avec effet de diffusion convenable. La pose des canalisations a cependant été prévue ainsi qu'au besoin, à plus ou moins brève échéance, une installation d'épuration des eaux usées et une conduite pour que ces mêmes eaux puissent déboucher dans l'Indus [1].

Si l'on pense que l'Indus fournit l'eau pour les besoins quotidiens d'une nombreuse population, il apparaît clairement que les eaux industrielles non épurées d'une grande usine représentent une perte d'utilité réelle pour les couches inférieures de la population. Cet exemple montre que les estimations de rentabilité, si l'on néglige les coûts sociaux, ne suffisent nullement à mesurer le degré de prospérité du point de vue de la collectivité. A considérer les coûts sociaux, on constaterait que bien des projets industriels « rentables » sont en réalité déficitaires [2].

b. *Effet sur l'emploi*

Argument. Les investissements privés créent des occasions de travail dans les pays en voie de développement, donc des effets positifs sur le développement.

---

1. Max Aebi, « Une fabrique naît à Jamshoro/Kotri (Pakistan) », *Bulletin Sandoz*, n° 24, p. 3 *sq*.
2. Si, pour le projet du Pakistan mentionné, nous comptons un centime seulement par litre d'eau industriellement polluée et admettons que la fabrique délivre par minute un mètre cube d'eau industrielle, nous en arrivons à un élément de coût social atteignant, par le seul fait de la pollution, un montant de 5,2 millions de francs, presque autant peut-être que le revenu réalisé par l'usine.

Critique. Loin de nous l'intention de mettre en doute cette affirmation pour tous les investissements. Pourtant, l'argument n'est pas, méthodiquement parlant, admissible en soi. Il ne suffit pas de demander combien de travailleurs gagnent leur vie dans une nouvelle entreprise étrangère, mais bien plutôt combien de travailleurs dans le déroulement historique du processus d'industrialisation, ont été licenciés dans le même secteur de la production artisanale, par suite de l'industrialisation, et combien le seront à l'avenir.

Nombreux étaient les pays en voie de développement où existait une production de textiles, de denrées alimentaires et de biens de consommation à une échelle artisanale avant qu'n'interviennent les investissements de l'industrie étrangère. Il n'est pas rare que les techniques rationnelles et coûteuses de la production industrielle libèrent autant ou plus de main-d'œuvre occupée par la production artisanale qu'elles n'en emploient dans la production industrielle. Cet effet peut nuire en particulier à la manufacture artisanale future qui pourrait employer beaucoup plus de main-d'œuvre que l'industrie hautement mécanisée [1].

Un exemple tiré de l'industrie laitière peut illustrer cet aspect du problème. Dans l'État mexicain de Chiapas, plus d'une fois et demie grand comme la Suisse et qui compte 1,6 million d'habitants, Nestlé a installé une usine pour le traitement du lait (pasteurisation, production de fromage). Pour une somme investie de 60 millions de pesos (20 millions de francs suisses), du travail est donné à 89 ouvriers fixes et à 92 autres travailleurs [2]. Le jeu en vaut-il la chandelle? La fabrique, seule de son genre dans l'État de Chiapas, collecte une bonne partie du lait produit dans tout l'État. Face à cette structure de production coûteuse, face à une forte sous-occupation, on se demande si finalement une voie d'acheminement plus modeste n'aurait pas conduit plus sûrement au développement. Quelques centaines de simples fromageries n'auraient-elles pas apporté de plus substantiels avantages économiques au peuple de Chiapas [3]? La position de force de l'entreprise Nestlé sur le marché empêchera vraisemblablement, dans l'État

---

1. H. Bachmann, « Sens et contresens des investissements privés en Amérique latine », *Économie extérieure*, cahier III, 1969, p. 235. L'important dans ce cas est la considération dynamique qui inclut toujours l'alternative des possibilités et qui répond à la question : « Que se serait-il passé si le projet d'industrie considéré n'avait pas été réalisé? »

2. *L'Activité de Nestlé dans les pays en voie de développement*, Vevey, 1973.

3. La brochure ne donne pas d'indication précise sur le volume du lait travaillé, non plus que sur le programme de production.

de Chiapas, la naissance de fromageries artisanales et coopératives.

Notons que la voie du développement industriel telle que la leur ouvre la technologie avancée des pays industriels n'est accessible aux pays en voie de développement qu'au prix de lourds sacrifices. Entre 1970 et 1980, 226 millions d'hommes en âge de travailler chercheront un emploi dans le Tiers Monde [1]. Selon la définition de la statistique du chômage, 20 à 40 % de la population active est aujourd'hui déjà inoccupée ou insuffisamment occupée. Il faudrait donc que soient créées dans le Tiers Monde, en l'espace de dix ans, plus d'occasions d'embauche que l'Europe et les USA n'en produisent ensemble.

En Suisse, le besoin de capital moyen est de quelque 60 000 francs par poste de travail industriel. Même en tablant, pour les pays en voie de développement avec un besoin de capital réduit, sur une somme de 10 000 francs [2] et en multipliant le chiffre par 200 millions, on en arrive — en s'en tenant à une voie de développement industrielle — à la somme astronomique de 2 000 milliards de francs. Impensable en dix ans [3] !

c. *Les bénéfices privés*

Argument. Tenir l'acquisition de bénéfices pour l'effet le plus caractéristique des investissements privés dans les pays en voie de développement est une idée courante et cependant contestable.

Critique. Inutile de se disputer sur des chiffres de bénéfices dès l'instant où les trusts multinationaux disposent de possibilités multiples pour manipuler les chiffres donnés ! Voici quelques-unes des méthodes employées :

a. L'estimation de la valeur du capital de l'investissement, sur lequel doit se baser la marge bénéficiaire, est liée à des actes arbitraires. L'investisseur peut décider lui-même de la valeur des fonds de capitaux apportés dans le pays en voie de développement [4].

---

1. *ILO-Nouvelles*, OIT, n° 1, 1970, p. 7.
2. Dans le cas de la fabrique Nestlé citée au Mexique (Chiapas), le capital investi se montait à 11 000 francs par poste de travail. (Nestlé, *op. cit.*, p. 27.)
3. Comme il faut s'attendre à ce qu'en cas d'industrialisation massive, une partie de la population agricole (aujourd'hui encore 60-80 % de la population active) quitte le secteur primaire, il faudrait compter avec un besoin d'emplois plus grand encore.
4. Gunnar Myrdal, *Manifeste politique*, et *UN-Panel on Foreign Investment in Developing Countries*, Amsterdam, 1969, UN/E. 69 II. D. 12, New York, 1969, p. 22.

b. Des mouvements d'argent internes pour le transfert interne de marchandises du trust peuvent se dissimuler derrière des prix maquillés. Les profits peuvent être minimisés dans les comptes par sous-estimation de l'out-put et surestimation de l'in-put. Par la sous-estimation du prix des marchandises qui passent de la filiale dans le pays en voie de développement à la maison-mère en Suisse, les limitations de transferts de profits peuvent être contournées et les obligations de l'impôt être transportées d'un pays à l'autre[1].

c. Des taxes de licence élevées, des dédommagements pour le *know-how* technologique peuvent servir à camoufler des transferts de bénéfices. Il n'est pas rare que la contribution principale du trust investisseur consiste en un apport technique (brevets, plans, procédés industriels) tandis que le plus gros du capital de financement vient du pays en voie de développement[2]. Grâce à l'évaluation arbitraire du transfert technologique, des participations aux bénéfices peuvent être ainsi retransférées bien qu'elles aient été acquises avec les capitaux indigènes.

d. Des taux élevés d'amortissement des investissements peuvent dissimuler des gains[3].

e. Des privilèges à l'impôt et des privilèges à l'investissement sont eux aussi des éléments de bénéfice. Par un nouveau type d'accord d'imposition double avec les pays en voie de développement, la Suisse permet aux investisseurs suisses de réaliser de substantielles économies fiscales[4].

Une telle ingéniosité dans l'intrigue et la fraude montre avec quelle prudente réserve il convient d'examiner les chiffres des bénéfices fournis par les trusts eux-mêmes. Dans le cas de filiales suisses dans les pays en voie de développement, les manipulations sont, avouons-le, plus fréquentes vers le bas que vers le haut, la Suisse

1. Paul Streeten, « Improving the climate » *Ceres*, n° 2, 1969, PAO, p. 56; H.D. Boris, « De l'économie politique des rapports entre sociétés industrielles occidentales », *Argumant*, n° 38, Berlin, 1966, p. 190; Helmut Arndt, dans *Die Zeit*, n° 10 du 2 mars 1973, p. 35; Hans Bachmann, *op. cit.*, p. 236 *sq.*

2. A.G. Frank, *Capitalisme...*, *op. cit.*, p. 296.

3. Dans certains pays, il existe des possibilités d'amortissement pour réapprovisionnement.

4. Le nouvel accord de double imposition Suisse-Trinidad/Tobago a un caractère préjudiciable pour d'autres accords avec d'autres pays en voie de développement. Par l'introduction d'un « matching credit », les investisseurs suisses n'ont plus à compenser en Suisse l'allégement de l'impôt dans le pays en voie de développement, « Message sur un accord de double imposition entre la Suisse et Trinidad/Tobago », *Bundesblatt*, 18 avril 1973 (n° 11 637), n° 20, 1973, p. 1 228.

étant un pays où les impôts sont relativement bas. Il vaut donc la peine de payer les impôts au siège suisse [1].

Les firmes suisses sont plutôt avares de renseignements sur les profits de leurs investissements dans les pays en voie de développement. Nous connaissons jusqu'à un certain point les profits moyens des investissements, dans les pays en voie de développement, des États Unis (1967 : 13 %), de l'Angleterre (1966 : 10 % sans le pétrole) et de la République fédérale (6,3 % sans les mines ni la chimie). Les taux de réinvestissements se montaient à 18 % pour les filiales des USA, à 34 % pour les anglaises et à 70 % pour les allemandes [2]. Les taux bénéficiaires abaissés des investisseurs allemands ont été motivés par le bas degré de maturité de ces investissements [3]. Du point de vue des pays en voie de développement, il se produit, du fait de ces retransferts de profits des trusts occidentaux, d'importants effets de décapitalisation qui grèvent lourdement la balance des paiements. En Amérique latine particulièrement, où l'on trouve des investissements plus anciens, les transferts de profits pèsent lourdement sur le bilan financier [4].

En ce qui concerne les investissements privés suisses dans le Tiers Monde, ils exercent dans les pays qui les accueillent un effet de décapitalisation plus que sensible. Sans s'avancer beaucoup, on peut admettre qu'une somme de 185 millions de francs suisses a représenté, pour 1971, les gains retransférés des investissements suisses directs. Au cours de la même année, les nouveaux investissements officiellement déclarés se montaient à 270 millions de francs suisses. Ce chiffre comprend aussi les gains réinvestis, bien qu'ils ne représentent effectivement aucun transfert de capital dans les pays en voie de développement [5]. Sur les 270 millions de francs d'investissements, 127 millions étaient, d'après nos calculs, des gains réinvestis, 143

1. Dans certaines firmes américaines, le cas est inverse. Elles essaient de gagner le plus possible dans certains pays en voie de développement en y déclarant le gros des revenus (secteur du pétrole, par exemple) parce que les taux des impôts en Amérique sont plus élevés.
2. G. Grosche, R. Lehmann-Richter, *Les Bénéfices des investissements directs allemands dans les pays en voie de développement* Éd. Bertelsmann, 1970, p. 3, 56, 80.
3. F. Hemmerich, « Le rôle des trusts occidentaux dans le processus économique des pays en voie de développement », *Feuille de politique allemande et internationale*, n° 5, 1971, p. 16.
4. Rudolf H. Strahm, *Pays industriels — Pays en voie de développement*, Fribourg/Nüremberg, 1972, p. 94-97.
5. OCDE, *Development Assistance*, Paris, 1969, p. 255.

millions d'investissements environ étaient donc des investissements nouveaux, reflet d'un écoulement d'argent de la Suisse vers le Tiers Monde.

En ce qui concerne l'Amérique latine, les reflux sont supérieurs, comparativement, aux investissements nouveaux. L'année 1971 indique un transfert de gains de 119 millions de francs suisses environ pour les investissements suisses dans ces pays [1]. 102 millions seulement furent investis, dont plus de la moitié consistait en profits résiduels acquis en Amérique latine [2] même. (Strahm, *op. cit.*).

1. Pour l'Amérique latine, un calcul mené selon les mêmes données que plus haut donne 119 millions de bénéfices retransférés et 81 millions de bénéfices réinvestis. La part des investissements anciens, partant plus profitables en Amérique latine, dépasse vraisemblablement les 50 %.

2. Nous ne prétendons pas donner par ces chiffres des grandeurs exactes. Ils reflètent seulement des ordres de grandeur des reflux en provenance des pays en voie de développement.

4

Connaître l'ennemi
Combattre l'ennemi

A la table de qui le Juste refuserait-il de s'asseoir
S'il s'agit d'aider la justice ?
Quel remède paraîtrait trop amer
Au mourant ?
Quelle bassesse refuserais-tu de commettre
Pour extirper toute bassesse ?
Si tu pouvais enfin transformer le monde, que
N'accepterais-tu de faire ?
Qui es-tu ?
Enfonce-toi dans la fange,
Embrasse le bourreau, mais
Change le monde : il en a besoin !

BERTOLT BRECHT, *Change le monde, il en a besoin.*

Nous sommes l'argent pur de la planète, le véritable minerai de l'homme, nous incarnons la mer
qui ne cesse jamais, le rempart de l'espoir ; une
minute d'ombre ne nous rend point aveugle, et
aucune agonie ne nous fera mourir...

PABLO NERUDA, *Mémorial de l'Ile noire.*

Nous tous, à des degrés divers, sommes aujourd'hui atteints
par le même ennemi : la sous-alimentation ou la maladie, la
misère ou la haine, la honte que quelques-uns infligent à la
multitude. L'impérialisme est un cancer. Ce livre n'est qu'un
modeste traité clinique : il traite d'une tumeur particulière,
celle de l'impérialisme auxiliaire, dit « secondaire ». Il représente le savoir théorique et pratique que je tire de huit années
d'expérience parlementaire, d'action pratique et théorique, au sein
du peuple suisse. Mais la métastase est proche. L'impérialisme
répand ses ravages à travers le monde à une vitesse effrayante.

Ici et là le seul moyen d'en guérir est l'acte concerté d'hommes et de femmes décidés à briser le règne du capital et de la marchandise, d'abolir la misère et le mensonge et de transformer leurs vies défigurées en un destin collectif chargé de sens.

Ces quelques remarques de conclusion n'évoquent aucun programme politique : un tel programme, une telle théorie ne peuvent surgir que de la lutte collective. Je me bornerai à évoquer quelques perspectives.

Première perspective. La violence impérialiste exercée par la société capitaliste transforme la vie des hommes dépendants en une existence pervertie (en Occident) ou en un calvaire brutal, non médiatisé (dans l'aire tricontinentale). L'homme réifié, abîmé, débilité par le fidéisme et la propagande marchande, est incapable de parvenir à (puis d'accepter et d'intégrer dans sa structure mentale) un clair discernement du mécanisme impérialiste. En Occident, la présente phase de la lutte de classe doit donc se mener avec une particulière vigueur au niveau théorique.

La première tâche, banale, de l'homme de la gauche révolutionnaire, c'est-à-dire de l'homme de la rupture, est de garder le sens de l'horreur. Son discours n'aura d'abord qu'un seul but : montrer que *ce qui est montré est faux*. Préserver, au plus intime de soi, ce sens de l'horreur, en faire le fondement de sa perception quotidienne, me paraît être une condition indispensable pour tout combat anti-impérialiste réel. Il faut transformer en conscience et en paroles la découverte du crime qui s'accomplit silencieusement sur autrui. Il faut démasquer les oligarchies et cerner, par la raison analytique, les causalités planétaires qui fondent leur praxis. La destruction des significations imposées par l'oligarchie est aujourd'hui prioritaire.

Deuxième perspective. Comment détruire théoriquement le système symbolique qui masque la praxis des oligarchies premières, secondaires et périphériques sans, au préalable et pratiquement, détruire les appareils de répression qui font, en dernière analyse, la force de ces symboles?

Le problème de fond posé dans ce livre est celui de la lutte anti-impérialiste. Comment s'articule-t-elle sur la lutte de classe? Ou, plus précisément, quelle est aujourd'hui la *fonction internationale* de la lutte de classe[1]? Je m'explique : toute lutte de classe est une lutte anti-impérialiste, mais l'inverse n'est pas vrai. La lutte anti-impérialiste est une étape du combat de classe, mais elle ne se confond pas avec lui. Exemple : la lutte anti-impérialiste en Europe suppose aujourd'hui un appui inconditionnel à l'OPEP et le refus de l'Agence internationale de l'énergie, même si, du point de vue de la lutte de classe, nombre des dirigeants de l'OPEP sont à considérer comme des ennemis. Du point de vue de la lutte anti-impérialiste, il est scandaleux de dénoncer les émirs arabes qui prennent le contrôle de leurs richesses nationales, imposent des prix justes aux sociétés multinationales du pétrole et brisent la dépendance séculaire de leurs pays[2]; il est, par contre, nécessaire et juste de les dénoncer comme dirigeants réactionnaires et anti-populaires de leurs États respectifs.

Autre exemple : la « paix du travail » en Suisse constituait une trahison de la classe ouvrière qui freine encore aujourd'hui sa lutte en tant que classe. S'il faut refuser la paix du travail,

1. Un retour à Marx est ici utile. Marx formule une critique violente du programme du parti ouvrier allemand, dit programme de Gotha. Ce programme réduit l'interrogation anti-impérialiste à une pure question subjective : la lutte de classe donnerait aux révolutionnaires allemands une « conscience de la fraternité internationale des peuples ». Or, il ne s'agit pas, ni au moment du congrès de Gotha, en Allemagne, ni aujourd'hui en Suisse, de conversion psychologique, de bons sentiments! Il s'agit du lien instrumental, matériel, existant entre la lutte de classe et le combat anti-impérialiste. En ce sens, je n'aurais jamais la même interprétation que mes compagnons de route bourgeois de la fonction historique concrète de la lutte anti-impérialiste.
2. Ceci est vrai même si les mesures de l'OPEP affectent aujourd'hui de façon dramatique les nations de l'aire tricontinentale non productrices de pétrole, qui soutiennent néanmoins l'OPEP.

cela ne signifie pas pour autant qu'il faille refuser l'alliance des syndicats avec la bourgeoisie nationale pour lutter contre l'emprise croissante des sociétés multinationales sur l'appareil de production national, car ce peut être un combat efficace pour la lutte anti-impérialiste, donc aussi pour la lutte de classe.

Dernier exemple : pour la lutte de classe en Europe, démasquer la fonction idéologique de la religion au service de l'oligarchie impérialiste secondaire est un devoir militant; mais s'allier au conseil mondial des Églises dans sa lutte contre l'apartheid en Afrique du Sud l'est également.

La distinction entre lutte de classe et combat anti-impérialiste me paraît indispensable si l'on veut éviter que les militants ne s'alignent sur des positions marginalisées, inefficaces. Aucun homme ne peut déléguer à d'autres la lutte qu'il peut et doit mener lui-même à l'endroit même où il se trouve.

Je me souviens d'une nuit d'avril 1964 à Genève. J'avais été à Cuba en 1958-1959. Je voulus y retourner pour y vivre. Les amis de la délégation cubaine à la première Conférence sur le commerce m'avaient fixé rendez-vous à l'hôtel Intercontinental. Nous y discutâmes jusqu'à l'aube. Le Che était là. Avec son ironie chaleureuse, toujours un peu déroutante, il me dit : « Mais toi, ici, tu es dans le cerveau du monstre! Que veux-tu de plus? Ton champ de bataille est ici [1]... » Il me désignait la ville de Genève qui, défigurée par la prolifération des banques, se réveillait sous nos yeux. J'étais quelque peu blessé par ce refus opposé à mon émigration. Mais le Che avait évidemment raison. Croire qu'il suffit d'émigrer ou de s'incarner imaginairement dans le maquisard cinghalais, le fedayin palestinien, le résistant chilien, revient à abandonner le terrain où l'on se trouve à ceux qui le dominent actuellement [2].

1. Conversation avec l'auteur; j'ai rendu compte de cet entretien dans un texte non encore traduit en français; cf. J. Ziegler, *Guevara, ein Revolutionär*, ouvrage collectif, Éd. Fischer, Frankfurt/Main, 1969, p. 68 *sq.*
2. On ne peut néanmoins en déduire que l'arrivée de l'Union de la gauche au pouvoir, en France ou en Suisse — même si elle devait marquer une étape impor-

La tâche politique prioritaire du combat anti-impérialiste suppose un front qui déborde celui qu'exige le combat de classe en tant que tel. Ou encore : la lutte anti-impérialiste en tant qu'étape de la lutte de classe suppose, en Europe comme ailleurs, *des alliances provisoires avec l'ennemi de classe,* mais dans la mesure seulement où ces alliances concernent et servent la lutte anti-impérialiste [1].

---

tante dans la lutte de classe de ces pays — modifierait soudain les conditions d'exploitation et de domination des peuples périphériques par ceux du centre. Pour se faire, l'Union de la gauche devrait par exemple démanteler une immense industrie d'armement orientée vers l'exportation, d'où des pertes d'emplois impossibles à faire accepter ou à combler dans l'immédiat. Si, d'autre part, chaque Européen consomme 50 kg de viande par an, si chaque habitant de l'aire tricontinentale en consomme moins de 5 kg et si le minimum physiologique est de 20 kg par personne et par an, une égalisation planétaire du pouvoir d'achat alimentaire impliquerait une réduction de 5 à 1 du niveau de vie de chaque citoyen occidental. Il est évident qu'une telle redistribution planétaire, condition préalable à toute édification d'un système politique humain, n'est pas concevable dans le cadre théorique des partis européens de gauche aujourd'hui.

Remarquons enfin que des problèmes similaires mais inverses se posent à la périphérie : plusieurs États de l'aire tricontinentale ont, tels la Chine, Cuba, l'Algérie, au niveau de la révolution intérieure, de la construction d'une société nationale équitable, accompli des transformations impressionnantes. Mais aucun d'eux n'est en mesure de mener, pour des raisons connues, une politique extérieure, commerciale et militaire, purement anti-impérialiste. Tous font, pour survivre, des concessions au système impérialiste planétaire, tant il est vrai qu'ils doivent combattre leurs ennemis l'un après l'autre.

1. Le problème de l'aide humanitaire, de la coopération technique, de la Croix-Rouge, etc., est d'un autre ordre : il se situe, en dehors de la problématique du front anti-impérialiste et ne se pose pas en termes d'alliance. Face à la Croix-Rouge, à la coopération technique, à l'aide humanitaire, les militants anti-impérialistes sont divisés : il ne fait pas de doute que la plupart des institutions humanitaires remplissent un rôle d'alibis au service de l'oligarchie et contribuent à masquer le crime originel. Mais je ne suis pas d'avis qu'il faille dogmatiquement refuser toute collaboration avec elles. Voici ce que je pense : le temps est de la vie humaine. Si l'aide humanitaire de l'État capitaliste ou d'une organisation charitable financée par des dons privés (donc aussi par des dons de l'oligarchie) permet de sauver un seul enfant, il faut la soutenir. Si le Comité international de la Croix-Rouge, où siègent les dirigeants des trusts mondiaux de la chimie (Ciba-Geigy), de l'alimentation (Nestlé), de l'horlogerie (Fédération horlogère), peut arracher aux camps de Santiago, aux geôles paraguayennes ou tchèques une seule victime, il faut appuyer son action. Aucun concept n'a raison contre la vie ou, plus précisément, l'existence d'un enfant, la survie d'un prisonnier n'est pas de l'ordre du concept.

Dernière perspective. Le monde ne pourra jamais être réconcilié avec son passé d'horreur et de souffrance. Mais ce monde porte en lui le germe, la volonté, le rêve réalisable d'une société égalitaire, plus juste. *Une eschatologie habite l'Histoire.* Tout homme possède dès maintenant une claire conscience de sa vie non finie. Ce que la réalité vécue et les capacités que cette réalité développe en nous permettent de réaliser n'est qu'une infime fraction des actes, sentiments et perceptions que nous sommes théoriquement capables de vivre [1]. La part d'irréalité en nous, c'est-à-dire d'irréalisable au présent stade du devenir de l'humanité, est immense. Elle subsiste en nous sous forme d'*utopie.*

Lutte de classe et lutte anti-impérialiste procèdent finalement des mêmes paramètres. Ceux de l'eschatologie lisible de notre devenir. Concrètement : la société planétaire construite d'une façon rigoureusement solidaire, où l'entraide active remplacerait la rationalité du profit, où la recherche du bonheur de tous se substituerait à la minable raison d'État et de classe, relève aujourd'hui encore du manque, c'est-à-dire du pur désir. Or, le manque est une perception positive et le désir est une force de l'Histoire.

De longues pages me seraient nécessaires pour rappeler la fonction de l'espérance et de l'utopie dans le processus révolutionnaire. Une chanson paysanne du Venezuela résumera mon propos :

> *Se puede matar el hombre*
> *Pero no mataran la forma*
> *En que se alegraba su alma*
> *Cuando soñaba ser libre* [2].

---

1. « Théorique » est pris ici dans son acception étymologique : « theorama », qui veut dire vision totale, vision du principe unificateur de Dieu; cf. E. Bloch, *Prinzip Hoffnung*, vol. II, Éd. Suhrkamp, 1959.

2. « Ils peuvent tuer l'homme,/mais ils ne peuvent tuer la façon/dont son âme se réjouit/lorsqu'elle rêve d'être libre. » « Vas caminando sin huellas... », Éd. Plaène, Vienne, 1974.

Postface

> La tâche de l'intellectuel n'est pas de distribuer
> des aménités, mais d'essayer d'énoncer ce qui
> est. Son propos n'est pas de séduire, mais
> d'armer [1].

Depuis la première publication de *Une Suisse au-dessus de tout soupçon,* en avril 1976, le livre a été traduit en 23 langues et constamment réédité. Dans le monde entier près d'un million d'exemplaires ont été vendus. Les droits d'auteur ont servi à financer des projets d'entraide au Brésil, au Pérou. Au moment où paraît cette nouvelle édition une pause au bord du chemin, un bilan provisoire s'imposent.

Pourquoi cet écho ? Une hypothèse : la première publication de *Une Suisse au-dessus de tout soupçon* coïncide avec le début de la crise en Europe. Cette crise — économique, politique, culturelle — s'est, depuis lors, considérablement aggravée. Le mode de production capitaliste, ses ravages dans les pays du Tiers Monde, son cortège de chômage, d'humiliation pour les travailleurs du centre préoccupent profondément les hommes. Des thèmes nouveaux ou des thèmes anciens, mais depuis longtemps occultés — tels que la violence symbolique du capital financier, les pillages opérés par ce capital dans les sociétés de la périphérie, les réseaux du sabotage économique international fonctionnant au moyen de la décapitalisation intentionnelle des entreprises et de l'évacuation des capitaux en fuite —, sont désormais reçus, débattus par la conscience collective.

1. Régis Debray, *Modeste Contribution aux célébrations du dixième anniversaire,* Maspero, 1978.

Les Seigneurs des empires bancaires helvétiques pratiquent le génocide par indifférence.

La plupart des pays du Tiers Monde sont aujourd'hui garottés par leur *dette extérieure.* Le total de la dette pour 122 débiteurs d'Asie, d'Amérique latine, d'Afrique s'élève à 980 milliards de dollars en mars 1986. Ces pays réduisent les salaires, éliminent les subventions sociales.

Le pays le plus endetté de l'Amérique latine est le Brésil : 104 milliards de dollars de dette extérieure en mars 1986. Pays fabuleusement riche, peuplé de 110 millions de personnes, le Brésil compte — selon ses propres statistiques officielles — 32 millions de « menores abandonados », d'enfants abandonnés, dont la famille a éclaté et qui meurent — de malnutrition, de maladie, de désespoir — dans les rues de Sao Paulo, de Rio de Janeiro, de Fortaleza. Dans les pays surendettés du Tiers Monde, tous les indicateurs sociaux aujourd'hui sont négatifs : la misère, la malnutrition, le chômage, la terreur sociale ravagent ces peuples comme les quatre cavaliers de l'apocalypse.

Parmi les principaux créanciers : les banques d'affaires helvétiques.

Les statistiques de la Banque nationale suisse montrent que les dépôts des clients du Tiers Monde auprès des banques suisses ont fortement augmenté ces dernières années alors que, simultanément, la proportion de dépôts émanant de banques privées ou de banques centrales a diminué. Qu'est-ce que cela signifie ? Qu'il y a augmentation massive de capitaux en fuite en provenance de particuliers de pays du Tiers Monde. Les participants au Congrès de la Banque mondiale et du FMI à Séoul en octobre 1985 relèvent que l'hémorragie s'est particulièrement aggravée durant les années 1982-1984. La Banque mondiale indique que les quatre plus grands emprunteurs l'Amérique latine n'ont, dans les années 1976-1984, consacré qu'un tiers de leurs emprunts extérieurs à des investissements productifs. Un autre tiers a pris le chemin de l'étranger. En 1985, les dépôts et avoirs fiduciaires en Suisse des clients du Zaïre s'élèvent à 382 millions, des clients chiliens à 1 047 millions et des Turcs à 4 816 millions de francs suisses. La plus grande partie de ces sommes sont des capitaux en fuite, déposés par les classes dirigeantes autochtones pour qui les comptes numérotés équivalent à une espèce d'assurance politique, leur permettant de poursuivre librement leur politique de pillage et de répression [1].

Alors que dans le Tiers Monde des peuples entiers retournent à la nuit, les bénéfices des empires bancaires helvétiques augmentent d'une façon astronomique.

Le bénéfice net cumulé des cinq plus grands d'entre eux atteint, en 1984, 1,62 milliard de francs suisses, ce qui équivaut aux intérêts et amortissements remboursés à ces banques par les pays du Tiers Monde (en 1984). A la seule Afrique, les banques suisses ont extorqué des intérêts de 240 millions de francs suisses (soit le double de toute l'aide versée par la Suisse à l'Afrique en 1984). L'Union de banques suisses réalise en 1984 un bénéfice net avoué de 583 millions de francs suisses, soit une augmentation de 15 % par rapport à 1983. Les fonds clientèle de l'UBS augmentent en 1984 de 14 %, soit de plus de 10 milliards de francs suisses. Ce n'est évidemment pas l'épargne des Suisses en Suisse qui est responsable de ce bond ! Les avoirs en banque de l'UBS fin 1984 se montent à 39 milliards de francs suisses, dont 96 % sont placés à l'étranger.

D'autres chiffres encore : en 1985, le conseil d'administration du Crédit suisse augmente, pour la troisième année consécutive, les versements aux actionnaires. Le dividende brut passe de 100 à 106 francs suisses par action au porteur et de 20 à 21,10 francs suisses par titre nominatif.

Les résultats 1985 du CS : le bénéfice brut en progression de 23 % dépasse pour la première fois le cap du milliard de francs suisses (exactement 1,1 milliard de francs suisses). Le bénéfice net, de 507 millions de francs suisses, est en hausse de 21 % par rapport à 1984, et ce malgré l'augmentation de 25 % des amortissements et provisions à 554 (445) millions de francs suisses. Le bilan en hausse de 6 % atteint 88,6 milliards de francs suisses.

1. Des exemples : en février 1986, Ferdinand Marcos et sa cour ont quitté les Phillipines avec une fortune (pour la seule famille Marcos) estimée à plus de 2 milliards de dollars ; Jean-Claude Duvalier, ex-dictateur de Haïti, s'est réfugié en Europe avec des avoirs estimés à 800 millions de dollars.

La Confédération helvétique est — sur le papier du moins — un État démocratique, vivant sous l'empire du droit et dont les autorités exercent leur pouvoir par délégation du suffrage universel. Or, *toutes les tentatives entreprises durant cette décennie passée pour juguler la sollicitation, le transport, l'accueil des capitaux en fuite ont totalement échoué :* échec de la votation populaire du 20 mai 1984 sur l'initiative constitutionnelle visant à réduire la portée du secret bancaire et d'instaurer en faveur des États sinistrés un droit à l'entraide judiciaire internationale ; un protocole du Conseil de l'Europe contre l'escroquerie fiscale échoue aux Chambres fédérales ; une recommandation de l'OCDE contre l'évasion fiscale, sous les coups conjugués de l'Autriche, du Luxembourg et de la Suisse, est renvoyée pour étude. Le projet de révision de la loi sur les banques disparaît dans les tiroirs de l'administration.

La Suisse jusqu'ici a toujours refusé toute assistance aux États qui, ayant connu un changement de régime, tentent de récupérer le butin des anciens dirigeants : de 1976 à 1983, une dictature militaire particulièrement sanglante a sévi en Argentine. Ses deux principaux conseillers financiers étaient les deux directeurs de l'Union de banques suisses à Buenos Aires, les frères Juan et Roberto Aleman [1]. Durant le temps de la dictature et grâce, entre autres, aux bons services des frères Aleman, près de 20 milliards de dollars ont fui l'Argentine pour être illégalement transférés sur des comptes helvétiques. Le nouveau président Alfonsin cherche à recouvrer les sommes en Suisse. En pure perte.

D'autres gouvernements se heurtent au même refus. Ainsi, Anastasio Somoza Debayle ayant pillé les réserves d'or et de devises de la banque nationale avant de s'enfuir de Managua en juillet 1979, le gouvernement du Nicaragua essaie, en vain, de reprendre ce trésor auprès de trois banques suisses.

De novembre 1984 à mars 1985, un million de personnes sont

1. Juan était secrétaire d'État à l'Économie du général Videla, Roberto ministre des Finances du général Galtiéri.

mortes de faim en Éthiopie ; 7,5 autres millions sont, au printemps 1985, au bord de l'agonie (chiffres du Comité international de la Croix-Rouge). Jusqu'en septembre 1974, l'empereur Hailé Sellassié, sa famille, ses courtisans régnaient à Addis-Abéba. Au cours des trente ans passées, ils avaient transférés sur des comptes numérotés en Suisse environ 6 milliards de dollars provenant du pillage des caisses éthiopiennes et des mines d'or de l'ouest du pays. L'actuel gouvernement révolutionnaire, muni des documents bancaires retrouvés dans les coffres de Hailé Sellassié, tente aujourd'hui d'opérer un séquestre puis d'obtenir la restitution des sommes volées par l'empereur. Les banques suisses concernées, soutenues par le gouvernement de Berne, invoquant le secret bancaire, s'y refusent.

Périodiquement aussi, des banquiers suisses sont condamnés par la justice. Pas en Suisse, rassurez-vous ! La justice y est trop bien élevée. Mais aux États-Unis, en Italie, en France, en Suède. Ainsi le président de la banque Saint-Gothard (Lugano), Fernando Garzoni, est condamné pour acquisition illégale de titres et évasion illicite de capitaux à trois ans et demi de réclusion par la Cour de Milan, en mars 1985.

La banque suisse a aussi ses héros, tel le banquier privé genevois, Darier, qui, arrêté en automne 1986 en plein Paris, avec dans sa poche la liste de clients fraudeurs, a avalé les documents qu'il portait sur lui lors de son interrogatoire !

Quelles sont aujourd'hui, à moins de quinze ans du troisième millénaire, les conditions concrètes, théoriques et pratiques de la lutte contre le banditisme bancaire helvétique ? Où va la Confédération helvétique ? L'avenir immédiat est sombre. Les grands partis politiques du pays sont devenus de banales bureaucraties électorales sans âme ni projets. Le militantisme meurt, la gestion de l'État, si elle nourrit somptueusement la nomenklatura fédérale, se réduit à un exercice de consensus. L'extrême droite progresse, avec elle la xénophobie, le racisme. Les théories légitimatrices du banditisme bancaire se renforcent, les contrepouvoirs s'effritent et les banquiers ne trouvent sur leur route que des sourires complices. Toute dissidence aujourd'hui n'est que groupusculaire, individuelle.

Au moment où j'écris — librement — des dizaines de milliers d'hommes, de femmes, d'enfants meurent de faim, assassinés, torturés, dans les pays d'Amérique latine, d'Afrique, d'Asie où règnent les sociétés multinationales et leurs satrapes.

Les banquiers suisses tuent sans mitrailleuses, sans napalm, sans armée. Aucun homme n'est une île. Tout homme, et donc tout peuple, ne se constitue qu'à l'aide d'autrui, dans la complémentarité, dans la réciprocité. Il n'y aura jamais de bonheur pour aucun d'entre nous avant que tous les hommes — du Guatemala à l'Érythrée, du Chili ou de l'Indonésie au Brésil — ne soient libres. En montrant la causalité de la mort, en dénonçant le processus qui, par telex, bourses, dictatures locales interposées, condamne à une existence subhumaine des millions d'hommes lointains, j'entends aussi collaborer à la libération du peuple suisse.

Quelle sera l'organisation sociale, politique de la Suisse fraternelle, libre, à venir ? Personne ne peut anticiper les créations d'un peuple enfin libéré de l'aliénation, de la perte de son histoire.

Antonio Machado :

> *Caminante, no hay camino*
> *El camino se hace al andar* [1]

Jean Ziegler
Genève, Pâques 1986.

1. Voyageur, il n'y a pas de chemin/Le chemin se trace en marchant.

Table

IMPRIMERIE HÉRISSEY À ÉVREUX (4-86)
D.L. 4ᵉ TRIM. 1977. Nº 4683-5 (39663)